DIPL. OEC. TROPH. ANNE IBURG

111 Rezepte für schmerzfreie Gelenke

Die richtige Ernährung für mehr Beweglichkeit bei Rheuma, Arthrose und Co.

Mit Mikronährstoff-Boostern

humboldt

INHALT

4 VORWORT

7 THEORIE: GELENKE UND ERNÄHRUNG
8 Der Aufbau unserer Gelenke
8 Bestandteile eines Gelenks
11 Das schmerzende Gelenk
12 Risikofaktoren für Gelenkschmerzen
13 Erkrankungen der Gelenke
26 Schmerztreiber für Gelenkschmerzen
26 **Schutz vor Gelenkschmerzen mit den drei „P"**
28 Natürlich essen reduziert den Schmerz
28 Stimmt mein Körpergewicht?
30 Bunt essen hilft
33 Vollkorn schlägt Weißmehl
34 Purine verringern
36 Kein oder wenig Fleisch
37 Das Wechselspiel der Fettsäuren
37 Milch und Käse aufs Fett geschaut
39 Pflanzliche Öle wirken
39 Lachs, Hering & Co.
41 Süßes wohldosiert
43 Richtig trinken
43 Fasten reduziert den Schmerz
44 Heilfasten nach Buchinger
45 Intervallfasten
46 **Gewürze und Kräuter: Wirksame Helfer aus der Natur**
52 **Vitamine und Co.: Der richtige Mikronährstoffmix**

61 PRAXIS: REZEPTE, DIE DEN GELENKEN GUTTUN
62 Müslis, Bowls und Porridges
70 Brote und Brötchen
82 Aufstriche und Dips
92 Getränke und Smoothies
98 Salate
118 Suppen und Eintöpfe
136 Hauptgerichte
166 Kuchen und Kekse und Desserts

194 REZEPTREGISTER

VORWORT

Liebe Leser und Leserinnen,

230 Gelenke sorgen dafür, dass Sie sich aktiv bewegen können. Beim Laufen, beim Tennisspielen oder auch beim Tippen am Computer oder beim Geschirrspülen sorgen sie für einen reibungslosen Ablauf.

Doch durch tägliche Beanspruchungen verschleißen unsere Gelenke – das ist ganz natürlich, und so verwundert es nicht, dass mit zunehmendem Alter auch die Gelenkbeschwerden zunehmen. Aber auch junge Menschen haben vermehrt Probleme mit den Gelenken: Wissenschaftliche Studien belegen, dass mittlerweile jede zweite Person zwischen 20 und 40 Jahren unter Gelenkschmerzen leidet. Übergewicht ist die häufigste Ursache für Gelenkschmerzen in jungen Jahren.

Gelenke brauchen Bewegung, dafür sind sie gemacht. Eine Überbelastung wie etwa durch Leistungssport oder durch die falsche Ausführung von Übungen können die Gelenke allerdings schädigen. Deshalb ist es wichtig, dass Sie für die regelmäßige Entlastung Ihrer Gelenke sorgen. Auch für die richtige Verarbeitung von Nährstoffen ist eine solche Entlastung notwendig, denn nur so können diese richtig aufgenommen und verarbeitet werden. Wählen Sie daher Sportarten, die schonend auf Ihre Gelenke wirken, z. B. Radfahren und Schwimmen.

Eine gesunde Ernährung ist, neben ausreichender Bewegung, das Wichtigste für Ihre Gelenke. Denn nicht nur Übergewicht, sondern ebenso eine Nährstoffunterversorgung kann die Funktionalität eines Gelenks negativ beeinflussen. Besonders die Mikronährstoffe, also Mineralstoffe, Vitamine und Spurenelemente, leisten ihren Beitrag für einen schmerzfreien Bewegungsapparat.

Von diesen Mikronährstoffen haben manche eine besonders hohe Bedeutung für die Gelenke, daher sollten Sie stets für einen ausgeglichenen Nährstoffhaushalt sorgen. Die Rezepte in diesem Buch zeigen Ihnen, wie das gelingen kann.

Um die Gelenke zu stärken, ist es wichtig, dass Sie Ihrem Körper natürliche Lebensmittel, die eine entzündungshemmende Wirkung besitzen, zuführen. Beispielsweise Omega-3-Fettsäuren und Polyphenole sowie Ballaststoffe verfügen über diese Wirkung.

Einen positiven Effekt haben auch Lebensmittel, die zu einer gesunden Darmflora und damit zu einem niedrigen Entzündungsgeschehen im Körper beitragen. Alkohol, Zucker und Weißmehl sowie Fleisch sollten dagegen nur einen sehr kleinen Teil Ihrer Ernährung ausmachen, weil sie entzündungsfördernd wirken.

Damit Ihnen die Ernährungsumstellung leichtfällt, finden Sie in diesem Ratgeber 111 alltagstaugliche Rezepte, die gesund für Ihre Gelenke, lecker und kalorienbewusst sind. Überflüssige Pfunde werden purzeln und das gefährliche Bauchfett wird dahinschmelzen, Ihre Gelenke werden entlastet und Ihr Allgemeinbefinden verbessert sich.

Viel Spaß beim Lesen des Buches sowie beim Ausprobieren und Genießen der Rezepte wünscht Ihnen

Anne Iburg

GELENKE UND ERNÄHRUNG

Jeder Mensch hat mehr als 200 Gelenke. Die meisten Gelenke sind bewegliche Verbindungen zwischen zwei Knochen. Das Hüftgelenk, das Kniegelenk, die Gelenke des Wirbels und die Fingergelenke sind die Gelenke, die oft am meisten Schmerzen bereiten. Dagegen lässt sich etwas tun! In diesem Kapitel erfahren Sie, wie Gelenke funktionieren, was die Gründe für Gelenkschmerzen sein können und vor allem, wie Sie mit Ihrer Ernährung dazu beitragen können, dass Ihre Gelenke wieder besser funktionieren und sogar schmerzfrei werden.

Der Aufbau unserer Gelenke

Der menschliche Bewegungsapparat besteht aus vielen verschiedenen Einheiten: Muskeln, Sehnen, Bänder und Knochen tragen alle irgendwie dazu bei, dass wir uns fortbewegen können, uns hinsetzen und wieder aufstehen oder eine beliebige Tätigkeit verrichten können. Ohne Gelenke wäre das alles nicht möglich. Sie ermöglichen es den Muskeln und Knochen erst, ihre Arbeit überhaupt ausführen zu können, sie dienen der Kraftübertragung und machen uns flexibel – umso bedauerlicher, wenn sie ihren Dienst plötzlich nicht mehr oder nur noch mit Schmerzen versehen können.

Es gibt bewegliche Gelenke wie etwa das Kniegelenk, das größte Gelenk des Körpers, und unbewegliche oder fast unbewegliche, etwa die kleinen Knochen in der Handwurzel oder das Iliosakralgelenk. Im Folgenden geht es um die beweglichen Gelenke.

Bestandteile eines Gelenks

Wie sieht ein Gelenk eigentlich aus? Es besteht aus ...

- den knorpelbeschichteten Gelenkflächen der beteiligten Knochen,
- einem mit Gelenkschmiere gefüllten Gelenkspalt,
- einer umhüllenden Gelenkkapsel und
- den Gelenkbändern zur Festigung des Gelenks.

Der Knorpel verteilt den Druck im Gelenk auf den darunterliegenden Knochen.

Die **Gelenkflächen** der Knochen sind mit einer Knorpelschicht überzogen. Die Knorpelschicht bildet eine glatte Oberfläche, damit die Knochen bei einem beweglichen Gelenk möglichst wenig aneinanderreiben. Der Knorpel verteilt den Druck im Gelenk auf den darunterliegenden Knochen. Das ist besonders bei den Gelenken wichtig, die ein hohes Gewicht tragen, wie bei den Hüft- oder Kniegelenken.

Wie dick der Knorpel ist, variiert von Gelenk zu Gelenk. An den Fingermittelgelenken misst man zwischen 0,2 und 0,7 mm Knorpelgewebe und an der Kniescheibe sind es bis zu 6 mm.

Nach außen schließt die **Gelenkkapsel** das Gelenk luftdicht ab. Die Gelenkflächen werden durch einen dünnen Spalt getrennt. Der dadurch entstehende Raum wird **Gelenkspalt** genannt. Die Gelenkkapsel hat eine innere und eine äußere Schicht. In der inneren Schicht befinden sich Blutgefäße für die Nährstoffversorgung und Nerven. Sie informieren das Gehirn, in welcher Stellung sich das Gelenk befindet, oder senden Schmerzreize aus.

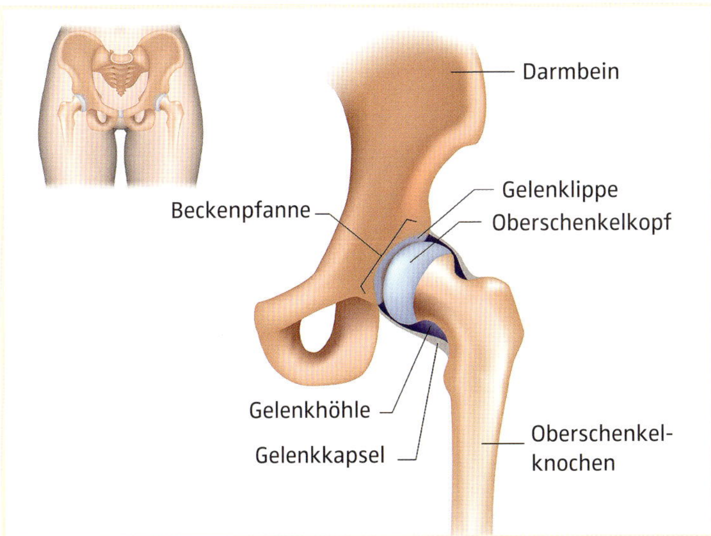

Der Aufbau eines beweglichen Gelenks: Das Hüftgelenk ist das zweitgrößte Gelenk im Körper und gehört zu den Kugelgelenken.

Die äußere Schicht der Gelenkkapsel besteht aus Fasergewebe. Muss ein Gelenk länger ruhiggestellt werden, können sich diese Fasern verkürzen: Die Gelenkkapsel schrumpft und das Gelenk ist nicht mehr so beweglich. Deshalb ist es wichtig, Gelenke nach einer Verletzung oder bei längerer Bettlägerigkeit mit mobilisierenden Übungen beweglich zu halten.

Vielfältig geformte Gelenke

Es gibt verschiedene Gelenkformen:

- Kugelgelenke, z. B. das Hüftgelenk
- Sattelgelenke, z. B. das Daumengrundgelenk
- Eigelenke, z. B. das Handgelenk
- Scharniergelenke, z. B. die Mittel- und Endgelenke der Finger
- Drehgelenke, z. B. das Ellen-Speichen-Gelenk

Manche Gelenke sind komplexer als andere aufgebaut: Zum Beispiel hat das Kniegelenk Zwischenscheiben aus Knorpel wie den Meniskus und die Kreuzbänder. Das Hüftgelenk hat eine besondere Form, bei dem die Hüftpfanne den Oberschenkelkopf fast vollständig umfasst. Im Ellenbogengelenk sind drei Knochen miteinander verbunden: Elle und Speiche des Unterarms sowie der Oberarmknochen.

Die Zellen der inneren Schicht der Gelenkkapsel produzieren **Gelenkschmiere,** die sogenannte Synovia. Diese zähe Flüssigkeit ernährt den Knorpel, sorgt dafür, dass die Gelenkflächen reibungslos aufeinander gleiten, und dient als Stoßdämpfer, indem sie den auf das Gelenk einwirkenden Druck verteilt. Ganz wichtig ist, dass die Ernährung der Knorpelzellen über die Gelenkschmiere erfolgt: Durch die Bewegung des Gelenks gelangen die Nährstoffe in den Knorpel. In der inneren Schicht der Gelenkkapsel wird eine sauerstoff- und nährstoffhaltige Flüssigkeit produziert. Damit die Zellen der inneren Schicht diese Gelenkflüssigkeit produzieren können, muss die Gelenkkapsel sehr gut durchblutet sein.

Werden die Knorpelzellen über einen längeren Zeitraum nicht ernährt, sterben sie ab und die Knorpelschicht baut sich komplett ab.

Nimmt die Durchblutung der Gelenkkapsel ab, werden der Knorpel sowie die umgebenden Bänder, Sehnen und Muskeln nicht mehr ausreichend mit Nährstoffen versorgt. Das hat zur Folge, dass es zu einer Übersäuerung, entzündlichen Veränderungen und zu Schmerzen in der betroffenen Gelenkkapsel kommt. Werden die Knorpelzellen über einen längeren Zeitraum nicht ernährt, sterben die Knorpelzellen ab und die Knorpelschicht wird dünner bzw. baut sich komplett ab.

Wichtig zu wissen: Im Knorpel befinden sich keine Blutgefäße. Die Ernährung und somit das Überleben der Knorpelzellen wird nicht wie in anderen Geweben über das But und die Blutgefäße gesteuert, sondern durch die Gelenkschmiere gewährleistet. Dies besteht zu 94 Prozent aus Wasser. Der Rest sind Eiweiß, Fettsäuren, Glukose, Glykoproteine, Hyaluronsäure, Vitamine, Mineralstoffe und Spurenelemente. Die Gelenkschmiere ist Nährstofftransporteur und Schmiere für die Gelenke. Während der Belastungsphase des Gelenks gibt das Knorpelgewebe durch den Druck nährstoffarme Flüssigkeit ab und saugt während der Entlastungsphase nährstoffreiche Gelenkflüssigkeit aufgrund des Unterdrucks auf. Einfacher ausgedrückt: Nur unter Bewegung kann die Ernährung des Knorpelgewebes gesichert werden.

Durch unsere Muskeln können wir unsere Gelenke bewegen. Der Bewegungsspielraum hängt dabei auch von den Weichteilen, Bändern oder Knochen ab, die das Gelenk bilden. Durch Dehnübungen lässt sich die Beweglichkeit einiger Gelenke trainieren. Wie „gelenkig" man ist oder wieder wird, hängt vom Lebensstil ab.

Das schmerzende Gelenk

Als Hauptfaktoren werden im Internet immer wieder Verschleiß, Alter und Gene benannt. Das ist jedoch nicht alles, denn Gelenkschmerz oder fachlich korrekter „degenerative Arthrose" ist eine Zivilisationskrankheit. Das Auto, der Fahrstuhl, die Rolltreppen und neuerdings auch Lieferservices haben einiges dazu beigetragen, dass wir uns immer weniger bewegen. Von Verschleiß kann deshalb eigentlich keine Rede sein, eher von Nichtgebrauch der Gelenke. Die körperliche Bewegung hat in den letzten Jahrzehnten deutlich abgenommen. Es wird geschätzt, dass die tägliche Gehstrecke der Bundesbürger bei durchschnittlich etwa 800 m liegt. Erschreckend!

Natürlich ist es richtig, dass im Alter die Gefahr einer Arthrose zunimmt. Doch nicht jeder alte Mensch hat eine Arthrose. Fitte Senioren belegen, dass eine Alterung ohne Gelenkschmerzen möglich ist. Der Unterschied liegt eher im Lebensstil: Ein gesunder Lebensstil und die richtige Ernährung bei ausreichend Bewegung und Ruhephasen tragen erheblich zu Ihrer Gelenkgesundheit bis ins hohe Alter bei.

Auch wenn Gene einen Einfluss auf unsere Gesundheit haben und sich nicht ändern lassen: Die äußeren Umstände können Sie mit etwas Mühe und anfänglicher Anstrengung durchaus beeinflussen!

Risikofaktoren für Gelenkschmerzen

Die Top-5-Risikofaktoren für Arthrose sind:

- mangelnde Bewegung
- Fehl- und Überernährung
- Belastung mit Toxinen
- chronischer Stress
- mangelnde Regeneration

Versuchen Sie die fünf Risikofaktoren für Arthrose einzuschränken, indem Sie Ihren Lebensstil nach und nach ändern.

Fällt Ihnen an den fünf Risikofaktoren etwas auf? Sie haben etwas gemeinsam: Sie sind unserer modernen Lebensweise geschuldet und sie lassen sich von Ihnen als Betroffene/r ändern. Dieses Buch legt den Schwerpunkt auf die Fehl- und Überernährung, doch allein diesen Punkt zu ändern, wird Sie nicht schmerzfrei machen. Versuchen Sie, an allen fünf Stellschrauben etwas zu verändern, denn sie greifen wie Zahnräder ineinander.

In Deutschland leiden 30 Prozent der Männer und 53 Prozent der Frauen ab 55 Jahren an Gelenkschmerzen; am häufigsten sind die Kniegelenke betroffen. Rheumatische Erkrankungen wie Arthritis, Arthrose oder auch Gicht sind häufig die Ursache. Die Gelenke in den Knien, Hüftgelenken, Schultern, Fingern und Zehen entzünden sich dabei: Sie schwellen an, röten sich und schmerzen bei der kleinsten Bewegung. Ein gesunder Lebensstil kann dabei helfen, die Schmerzen im Alltag deutlich zu reduzieren.

Bei einer Arthritis greift das Immunsystem unerklärlicherweise die Gelenke an, eine Arthrose bedeutet die Rückbildung von Gelenkknorpel, und eine Gicht ist an dem hohen Harnsäurespiegel im Blut zu erkennen. Erkrankungen wie Fibromyalgie hingegen haben keine erkennbaren Ursachen.

Im Folgenden erhalten Sie eine Übersicht über die wichtigsten Erkrankungen der Gelenke.

Erkrankungen der Gelenke

Was ist Arthrose?

Von einer Arthrose spricht man, wenn es zu Verletzungen des Knorpels oder der Bänder der Gelenkkapsel des Gelenks kommt und diese Schmerzen verursachen. Zunächst sind die Veränderungen gar nicht sichtbar. Dann kommt es mehr und mehr zum Abbau des Knorpels, bis er oft an einzelnen Stellen ganz verschwunden ist, und schließlich auch zu Veränderungen am Knochen. Am Entstehungsprozess einer Arthrose sind immer – oft unterschwellige, nicht spürbare – Entzündungen beteiligt.

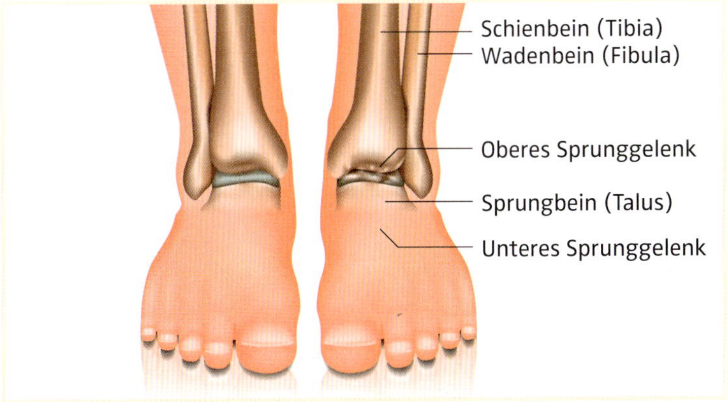

Links ein gesundes Gelenk, rechts mit Arthrose

Ein Wiederaufbauen von verlorenem Knorpelgewebe funktioniert nur sehr langsam. Das liegt vor allem daran, dass die Knorpelzellen nur passiv mit Nährstoffen und Wasser versorgt werden. Wenn dann noch Behinderungen der Nährstoffversorgung wie etwa eine Übersäuerung des Gewebes dazu kommen, wird eine ausreichende Versorgung der Knorpelzellen fast unmöglich. Am Ende sind hier die abbauenden Prozesse einfach schneller als die aufbauenden.

Prinzipiell können alle Gelenke von Arthrose betroffen sein, am häufigsten aber die stark belasteten Knie- und Hüftgelenke.

Prinzipiell können alle Gelenke von einer Arthrose betroffen sein. Am häufigsten sind allerdings die sehr stark belasteten Knie- und Hüftgelenke betroffen.

Eine Arthrose lässt sich einerseits durch eine klinische Untersuchung feststellen. Charakteristische Beschwerden sind Anlaufschmerz, Gelenkerguss und Verformung des Gelenks. Andererseits werden zum Nachweis einer Arthrose auch Röntgenaufnahmen oder MRTs der Gelenke durchgeführt.

Was ist Gicht?

Gicht ist eine Stoffwechselerkrankung, die dem rheumatischen Formenkreis zugeordnet wird. Männer haben ein zehnfach höheres Risiko, an Gicht zu erkranken. Die familiäre Hyperurikämie, die zu 99 Prozent mit einer verminderten Harnsäure-Ausscheidung einhergeht, wird meist vom Vater auf den Sohn vererbt. Frauen sind durch das Hormon Östrogen vor Gicht gut geschützt und erkranken in der Regel erst nach den Wechseljahren. Die Häufigkeit hat sich durch unseren modernen Lebensstil bei Frauen dennoch deutlich erhöht.

Kritisch wird es bei Harnsäurekonzentrationen über 0,4 mmol/l oder mehr als 6,5 mg/dl im Blutserum. Diese Werte liegen über der Grenze der Löslichkeit, das heißt, es fallen Harnsäurekristalle (Uratkristalle) aus. Ohne Ernährungsumstellung und/oder Medikamente bilden sich immer mehr Harnsäureablagerungen in den Gelenken, Weichteilen und Sehnen sowie in den Nieren und Harnwegen. Die scharfkantigen Kristalle reizen vor allem in den bewegten Gelenken das Gewebe. Durch die Reizung strömen Abwehrzellen ein und setzen Botenstoffe frei, die die Entzündung verschlimmern. Moderne Medikamente können die Krankheit glücklicherweise im Stadium erhöhter Harnsäurewerte aufhalten.

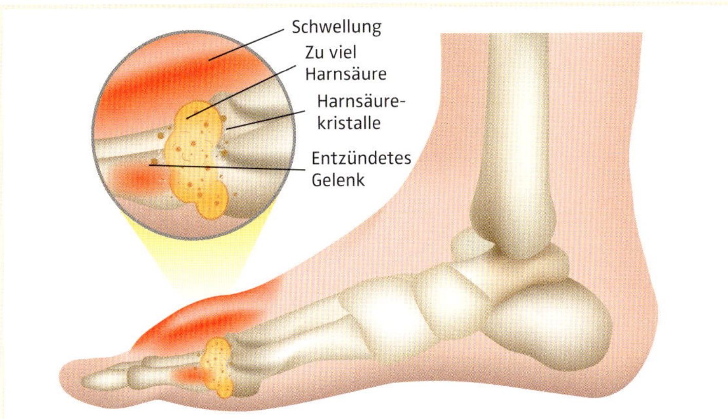

Erstes Alarmzeichen: Gichtanfall im Zeh

Unter ungünstigen Voraussetzungen und Harnsäurekonzentrationen über 9–10 mg/dl mündet die Entzündung in einen Gichtanfall. Der erste Anfall tritt häufig ohne Vorwarnung nachts im Grundgelenk des großen Zehs auf. Dann ist die Körpertemperatur an den Körperenden leicht gesunken, die Harnsäure bleibt schlechter gelöst und kristallisiert aus. Der Anfall kann aber auch Daumengrundgelenk, Sprung- oder Kniegelenk betreffen. Das Gelenk wird heiß und rot und schwillt stark an, die Haut beginnt zu spannen und übt zusätzlichen Druck auf das Gelenk aus. Das führt zu extrem starken Schmerzen und hoher Druckempfindlichkeit sowie Fieber. Der Anfall erreicht innerhalb von 24 Stunden sein Maximum und ist in der Regel nach drei Tagen vorbei. Wenn sich die Gichtanfälle wiederholen, spricht man von chronischer Gicht.

> Wenn sich die Gichtanfälle wiederholen, spricht man von chronischer Gicht.

Zur Diagnose Gicht gehören neben zu hohen Harnsäurewerten Harnsäurekristalle in der Gelenkflüssigkeit und erhöhte Entzündungsparameter. Die Entzündungen beginnen, Knochen und

Knorpel zu zerstören. Gelenke können dadurch so deformieren, dass sie nicht mehr beweglich und belastbar sind, erkennbar beispielsweise an knotigen, gekrümmten Fingern. Harnsäurekristalle können sich auch in den Weichteilen einlagern, sogenannte Gichttophi bilden sich z. B. an den Ohrmuscheln. Spätestens dann sind auch die Nieren betroffen. Etwa 40 Prozent aller Harnsäurekristalle lagern sich in den Nieren ab. Schlimmstenfalls bilden sich Nierengrieß oder Nierensteine, die die Niere schließlich verstopfen; Mediziner sprechen von der Uratnephropathie, der Gichtniere. Bluthochdruck, Harnstau und Harnwegsinfektionen sind die Folgen; im Endstadium kann es zum Nierenversagen kommen.

Übrigens: Von Pseudogicht spricht man, wenn Kristalle aus Kalziumpyrophosphat den Knorpel der Gelenke angreifen. Dabei kommt es zu gichtähnlichen Beschwerden.

Purine – endogen und exogen

Harnsäure entsteht natürlicherweise als Endprodukt des Purinabbaus. Purine kommen in den Zellen von Menschen, Tieren und Pflanzen als Bausteine der genetischen Information (DNA und RNA) vor. Sie fungieren zudem als Bestandteil von Enzymen oder energieübertragenden Substanzen.

Es gibt zwei Quellen für Harnsäure: Zum einen stammt sie aus den Purinen, die beim Abbau der körpereigenen Zellen anfallen. So hat eine Darmzelle eine Lebensdauer von ein bis zwei Tagen, eine Hautzelle von zwei bis vier Wochen; viele andere Körperzellen regenerieren sich innerhalb eines Jahres. Zum anderen liefern zellhaltige Nahrungsmittel Purine: Besonders viele stecken in Innereien, Fleisch und Wurst, Fisch und Meeresfrüchten, der Haut von Fisch und Geflügel oder in Hefe. Im Körper fällt vermehrt Harnsäure an, wenn außergewöhnlich viele Körperzellen abgebaut werden, z. B. beim Fasten oder sehr rascher Gewichtsabnahme. Die dann womöglich gebildeten Ketonkörper behindern zusätzlich die Ausscheidung der Harnsäure.

Was ist Rheuma?

Unter Rheuma versteht man eine Vielzahl unterschiedlicher Erkrankungen, die hauptsächlich Beschwerden im Stütz- und Bewegungsapparat verursachen. Neben den Gelenken und der Gelenkkapsel sind auch Knochen, Muskeln, Sehnen und das Bindegewebe beeinträchtigt. Rheuma oder fachsprachlich „rheumatische und muskuloskelettale Erkrankungen" umfassen Hunderte einzelne Erkrankungen und lassen sich in vier Hauptgruppen aufteilen, doch verbergen sich hinter diesem Begriff mehrere Dutzend Erkrankungen. Die rheumatoide Arthritis (RA) ist eine der häufigsten Formen dieser Hauptgruppe – eine Gelenkentzündung, die dauerhaft, also chronisch ist. Die Erkrankung beginnt meist schleichend: Anfangs sind oftmals die kleinen Finger- und Zehengelenke betroffen. Sie fühlen sich überwärmt an, schwellen an, schmerzen und sind steif. Morgens ist es meist besonders schlimm.

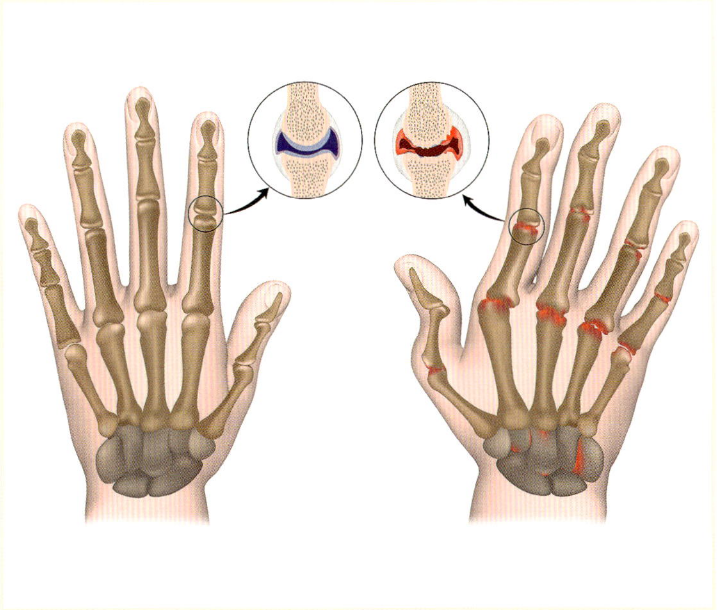

Links eine gesunde Hand, rechts mit Rheuma

Die vier Hauptgruppen sind:

- Entzündlich-rheumatische Erkrankungen, z. B. rheumatoide Arthritis (RA)
- Degenerativ-rheumatische Erkrankungen, z. B. Arthrose
- Chronische Schmerzsyndrome des Bewegungsapparates, z. B. Karpaltunnelsyndrom
- Stoffwechselerkrankungen mit rheumatischen Beschwerden, z. B. Osteoporose, Gicht

Die Entstehungsgeschichte von Rheuma ist nur bei einzelnen Erkrankungen bekannt. Ursache entzündlich-rheumatischer Erkrankungen ist das Immunsystem. Es greift den eigenen Körper an – Gelenke und Sehnen, Haut und andere Körpergewebe, manchmal sogar innere Organe. Den nicht-entzündlichen Krankheitsbildern wie Arthrose oder Sehnenscheidenentzündungen liegen meist altersbedingter Verschleiß oder eine Überbeanspruchung zugrunde. Hier werden Übergewicht, Gelenkfehlstellungen, vergangene und/oder gelenknahe Knochenbrüche und entzündliche Gelenkerkrankungen als Risiko für die Entstehung von Rheuma diskutiert, aber auch hormonelle Unterschiede nach den Wechseljahren. Bei etwa zehn Prozent der Fälle entstehen Rheumaerkrankungen durch Medikamente (vor allem Kortison).

Was ist Osteoporose?

Osteoporose (Knochenschwund) ist eine Erkrankung, bei der die Knochen porös werden und leicht brechen. In Deutschland leben mindestens sechs Millionen Menschen mit dieser Diagnose. Frauen sind deutlich häufiger betroffen als Männer. Osteoporose tritt vor allem bei älteren Frauen nach den Wechseljahren auf, da die Östrogenproduktion nachlässt. Etwa bis zum 30. Lebensjahr baut der Körper Knochenmasse auf, danach verringert sie sich langsam.

Es ist ganz normal, dass mit zunehmendem Alter die Dichte der Knochen abnimmt. Doch bei manchen Menschen geht die Knochendichte viel stärker zurück als bei anderen. Wenn sie einen bestimmten Wert unterschritten hat, spricht man von Osteoporose. Durch die verringerte Knochendichte steigt das Risiko für Knochenbrüche. Sie selbst können viel tun, damit die Knochen stabil bleiben. Bewegung und gezieltes Training fördern den Knochenaufbau und stärken die schützende Muskulatur. Sinnvoll ist es, viel Zeit im Freien zu verbringen, um die Vitamin-D-Produktion anzukurbeln.

Eine Osteoporose spürt man nicht sofort. Oft macht sie sich erst bemerkbar, wenn es zu einem Bruch eines Knochens kommt. Die Wirbelkörper der Wirbelsäule brechen bei einer Osteoporose am häufigsten. Wirbelbrüche können dazu führen, dass die Wirbelsäule leicht einsackt und die Körpergröße abnimmt. Manchmal verursacht sie Rückenschmerzen, die meist nach ein paar Wochen wieder verschwinden – viele Menschen bemerken solche Brüche gar nicht. Wenn über mehrere Jahre Wirbelkörper brechen, kann es zu einer gebückten Haltung im oberen Bereich der Wirbelsäule kommen.

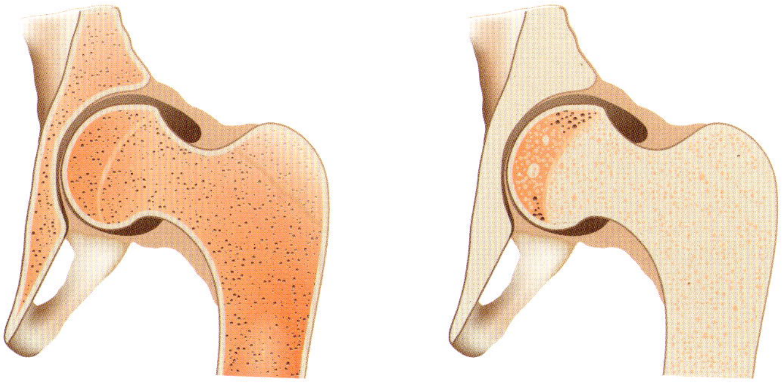

Ursache der Osteoporose ist ein geschwächtes Gerüst der einzelnen Knochenbälkchen: Das Knochengerüst ist wie ein harter Schwamm aufgebaut und die Stabilität der Knochen hängt von seiner Form und Dichte sowie dem Mineralgehalt ab. Der Mineralgehalt kann über eine Knochendichtemessung bestimmt werden. Neben der Vermeidung von Übergewicht sollten Sie täglich Käse und Joghurt essen und über einen längeren Zeitraum auf Kortison-Medikamente verzichten.

In Deutschland leben mindestens sechs Millionen Menschen mit der Diagnose Osteoporose.

Osteoporose entsteht, wenn der Körper in seiner Wachstumsphase nicht genügend Knochenmasse aufgebaut hat oder wenn er sie zu schnell abbaut. Dann können Knochen schon bei geringer Belastung brechen. Bei etwa einem von 20 Betroffenen tritt Osteoporose infolge einer anderen Erkrankung, z. B. bei einer rheumatoiden Arthritis, einer Schilddrüsenüberfunktion, Morbus Bechterew oder einer chronischen Magen-Darm-Erkrankung, auf. In den meisten Fällen geht der Osteoporose jedoch keine andere Krankheit voraus. Durch einen gesunden Lebensstil lässt sich das Risiko einer Osteoporose reduzieren. Menschen, die sich immer viel bewegt und kalzium- wie auch vitaminreich ernährt haben, leiden deutlich seltener an Osteoporose.

Schmerztreiber für Gelenkschmerzen

Entzündungen

Nicht nur bei Infekten, sondern auch bei Erkrankungen wie Arthrose, Rheuma, Stoffwechselerkrankungen wie Gicht oder Gefäßleiden sind Entzündungsprozesse im Spiel. Wir alle kennen Entzündungen aus leidvoller Erfahrung: gerötete Stellen, Schmerzen, Abgeschlagenheit – ob akut bei einer Halsentzündung oder lang anhaltend und unterschwellig in einem Gelenk. Entzündliche Prozesse spielen bei unglaublich vielen Erkrankungen eine Rolle.

Doch was ist eine Entzündung genau? Eine Entzündung ist die natürliche Abwehrreaktion in den Zelle unseres Körpers mit dem Ziel, den Auslöser bzw. die Ursache zu beseitigen. Es handelt sich dabei um eine komplexe Abfolge von Zellreaktionen. Unser Immunsystem reagiert dabei auf einen äußeren oder innerlich ausgelösten Entzündungsreiz. Ziel des Immunsystems ist immer, diesen Auslöser zu eliminieren, zumindest zu inaktivieren oder zu kontrollieren.

Wichtig ist die Unterscheidung zwischen einer akuten und einer chronischen Entzündung. Bei der akuten Entzündung gibt es einen konkreten Auslöser, der zu beseitigen ist. Die Reaktion auf den Auslöser äußert sich in klaren Kennzeichen und Symptomen. Die akute Entzündung ist also ein wichtiger Bestandteil des Immunsystems und der Abwehr des Körpers vor Fremdeinwirkung.

Chronische Entzündungen sind hingegen meist unterschwellig und häufig Folge einer Über- oder Fehlreaktion. Klare Kennzeichen und Symptome fehlen oft ebenso wie ein einziger messbarer Auslöser. Ursache für akute Entzündungen können Erreger wie z. B. Viren, Bakterien oder Parasiten, mechanische Reize wie Fremdkörper oder Druck, physikalische Faktoren wie UV-Licht oder auch chemische Stoffe und Schwermetalle sein.

Bei chronischen Entzündungen der Gelenke können auch Autoantigene oder Immunkomplexe sowie eigentlich unproblematische Erreger und Allergene durch Überempfindlichkeitsreaktionen zu Entzündungen führen. Diese Faktoren spielen vor allem bei chronischen Entzündungsprozessen eine Rolle. Auch hier spielt neben der Ernährungsweise der Lebensstil eine große Rolle: übermäßiger Stress, Schlafmangel, zu wenig Tageslicht und somit ein schlechter Vitamin-D-Status, zu wenig Bewegung und zu viele ungesunde Nahrungsmittel erhöhen das Risiko für chronische Entzündungsprozesse.

Bei chronischen Entzündungen fehlen oft klare Kennzeichen und Symptome oder ein einziger messbarer Auslöser.

Gerade die Ernährung jedoch kann helfen, das Entzündungsgeschehen in einer gesunden Balance zu halten. Verschiedene Inhaltsstoffe unserer Nahrung wirken entzündungshemmend, andere wiederum entzündungsfördernd. Daher kommt es langfristig auf das richtige Verhältnis zwischen fördernden und hemmenden Einflüssen in unserem Essen an.

Ausführlichere Informationen, wie Sie mit den richtigen Nahrungsmittel Ihren Gelenken helfen können, lesen Sie ab S. 28.

Diese Nahrungsmittel befeuern Entzündungsprozesse:

- Zucker (Haushaltszucker, Dicksaft, Sirup oder auch Honig)
- Weißmehlprodukte wie Brezeln, Toast oder helle Nudeln
- Wurstwaren (aus Schweine-, Rind- oder Geflügelfleisch
- Alkohol

Diese Nahrungsmittel wirken entzündungshemmend:

- Täglich drei Hände voll Gemüse – gegart, als Rohkost oder Salat – dazu ein bis zwei Hände voll Beerenobst enthalten mehr als 2000 verschiedene sekundäre Pflanzenstoffe und wirken in ihrer Gesamtheit und Menge entzündungshemmend.
- Vor allem grünes Gemüse wie Brokkoli, Spinat und grüne Bohnen gelten durch die enthaltenen Mikronährstoffe als „Zaubermittel" bei chronischen Entzündungsprozessen.
- Gewürze wirken durch ihre ätherischen Öle und Scharfstoffe wie Medizin. Kurkuma, ein Bestandteil von Curry, hat sich als hochwirksam bei chronischen Entzündungen erwiesen, ebenso Ingwer und Chili.
- Omega-3-Fettsäuren aus pflanzlichen Ölen wie Leinöl, Walnussöl, Hanföl, Rapsöl und Fisch wie Lachs, Hering und Makrele lassen bei kontinuierlichem Verzehr Entzündungen zurückgehen.

Übergewicht

Es ist logisch ersichtlich, dass bei normalgewichtigen Menschen weniger Druck auf den Hüft- und Kniegelenken lastet als bei Menschen mit Übergewicht. Doch wussten Sie, dass sich der Druck auf die Gelenke durch Bewegung erhöht? Es verdoppelt sich nicht nur der Druck, beim normalen Gehen lastet das Körpergewicht etwa mit dem vierfachen Gewicht und beim Stolpern mit dem siebenfachen Körpergewicht auf unseren Kniegelenken. Bei Normalgewicht ist das kein Problem, denn unsere Gelenke sind ja für Bewegung gemacht, aber wenn Übergewicht vorliegt, empfiehlt es sich, das Körpergewicht zu reduzieren, um die Belastung zu reduzieren und einer Abnutzung vorzubeugen. Orthopäden wissen zwar, wie wichtig Gewichtsreduktion ist, doch nur wenige verordnen eine individuelle Ernährungsberatung, dabei kann gerade eine professionelle Unterstützung durch eine/n qualifizierte/n Ernährungsberater/in dabei helfen, auf eine gesündere Ernährung umzusteigen, die langfristig zur Gewichtsabnahme führt.

Holen Sie sich professionelle Unterstützung beim Abnehmen, um langfristig Erfolg zu haben.

Schon lange weiß man, dass die Fettzellen nicht nur ein Ort sind, wo Energie in Form von Fett gelagert wird, sondern dass diese Zellen, anders als unsere Muskelzellen, auch beim Stoffwechsel aktiv sind. Dabei gilt das Bauchfett als gefährlich, da es besonders stoffwechselaktiv ist. Im menschlichen Körper gibt es zwei Arten von Fettgewebe: das subkutane Fett, dass mehr oder weniger direkt unter unserer Haut liegt, und das viszerale, das auch intraabdominales Fett genannt wird. Dabei handelt es sich um das in der Bauchhöhle eingelagerte Fett, das die inneren Organe und das Verdauungssystem umhüllt.

Das subkutane Fettgewebe wird auch als Unterhautfettgewebe bezeichnet. Von außen ist es beispielsweise an den Hüften, am Po oder den Oberschenkeln sichtbar. Das Unterhautfettgewebe dient als Wärmeisolator und Energiespeicher. Untersuchungen weisen darauf hin, dass das subkutane Fettgewebe für einen verbesserten Zuckerstoffwechsel sorgt und so helfen kann, vor Diabetes mellitus zu schützen.

Unterhautfettgewebe kommt zwar auch im Bauchbereich vor, nämlich zwischen Haut und Bauchmuskeln. Bei Menschen, die einen sichtbaren Bauch haben, überwiegt jedoch meist das viszerale Fett. Dieses Fett umgibt die Organe, beispielsweise die Leber und den Darm. Das Gefährliche am Viszeralfett ist seine Stoffwechselaktivität. Es setzt viele Botenstoffe frei. Die Rolle dieser stoffwechselaktiven Stoffe ist noch nicht vollkommen erforscht, doch ist man sich sicher, dass sie einen negativen Einfluss auf die chronischen Entzündungsprozesse haben: Sie greifen nicht nur negativ in den Leberstoffwechsel und den Blutdruck ein, sie lösen ebenso einen hohen Insulinspiegel aus sowie Entzündungen in den Gelenken. Je mehr von dem viszeralen Fett im Bauchraum vorhanden ist, desto mehr Botenstoffe können gebildet werden und desto stärker steigt das Risiko für schmerzhafte Entzündungsprozesse in den Gelenken – Gewicht und Bauchfett reduzieren heißt also, entzündungsaktive Köperzellen verringern.

TOFI: Äußerlich dünn, innen dick

Wirkt jemand äußerlich dünn, hat aber im Inneren viel Körperfettgewebe, spricht man von einen TOFI: „thin outside, fat inside". Diese Person hat Normalgewicht oder sogar Untergewicht, doch der Körper besteht anteilsmäßig aus zu viel Fett und zu wenig Muskelmasse. Zur Gruppe der TOFIs gehören viele Berufstätige mit Schreibtischjobs. Trotz der Schlankheit ist das Gesundheitsrisiko bei diesen Personen erhöht, da sich das Fett zwischen oder in den Organen im Bauchraum versteckt.

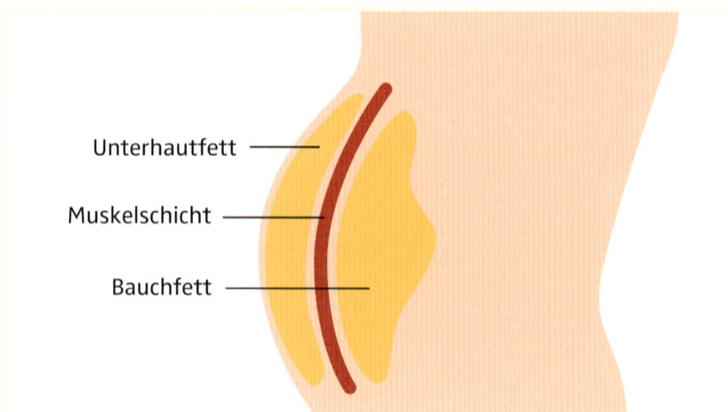

Die Verteilung von Unterhaut- und Bauchfett

Fehlbesiedeltes Mikrobiom

Das Mikrobiom des Darms, auch Darmflora genannt, besteht aus Milliarden von Mikroorganismen und hat damit 1,3-mal mehr Mikroben als menschliche Zellen. Wie genau Darmbakterien Gesundheit und Krankheit steuern, ist noch nicht vollständig geklärt, doch das Gleich- oder Ungleichgewicht dieses mikrobiellen Ökosystems kann auch verantwortlich für chronische Entzündungen, Rheuma und Stoffwechselerkrankungen wie Gicht sein.

Das Mikrobiom des Darms besteht aus guten Bakterien und aus solchen, die Krankheiten auslösen können.

Das Mikrobiom des Darms besteht sowohl aus guten Bakterien als auch aus solchen, die Krankheiten auslösen können. Um gesund zu bleiben, muss das Gleichgewicht stimmen. Gute Bakterien wie Laktobazillen und Bifidobakterien halten Krankheitserreger wie z. B. Clostridien in Schach. Entscheidend für ein gesundes Mikrobiom ist die Vielfältigkeit der Bakterien sowie eine allgemein hohe Anzahl an Bakterien. Auch Stoffwechselprozesse wie der Abbau von Ballaststoffen sind Merkmal eines gesunden mikrobiellen Ökosystems.

Gute Bakterien bauen Kohlenhydrate ab und produzieren vor allem die kurzkettige Fettsäure Butyrat. Sie stabilisiert die Darmbarriere und reguliert somit das Immunsystem. Schädliche Bakterien bilden hingegen Lipopolysaccharide und fördern damit Entzündungen. Dreh- und Angelpunkt: Die Ernährung prägt die Zusammensetzung der Bakterien, das heißt, die Art und Menge an Ballaststoffen sowie fermentierten Lebensmitteln beeinflussen die Zusammensetzung des Mikrobioms wesentlich.

Während die Gabe von isolierten Probiotika (siehe S. 26) und eine kurzfristige Ernährungsumstellung die Darmflora schnell, aber nicht lang anhaltend verändern, können sich längerfristige Ernährungsveränderungen dauerhaft und positiv auf die Stoffwechselaktivitäten des Mikrobioms auswirken. Dabei sind folgende Komponenten wichtig: täglich morgens ein zuckerfreies Sauermilchprodukt und über den Tag verteilt viele Ballaststoffe: Haferflocken, Vollkornreis, Kartoffeln, Vollkornbrot und Hülsenfrüchte sowie Obst und Gemüse; dazu wenig isolierten Zucker: keinen bis wenig weißen und dunklen Industriezucker, Honig, Agavendicksaft, Ahornsirup usw.

Schutz vor Gelenkschmerzen mit den drei „P"

Probiotika

Tausende von unterschiedlichen Bakterienstämmen leben in unserem Darm, insbesondere im Dickdarm. Die rund 100 Billionen Mikroorganismen bringen es zusammen auf ein Gewicht von geschätzt ein bis zwei Kilogramm. Sie bilden die natürliche Darmflora bzw. das Mikrobiom. Falsche Ernährung, Stress oder auch die Einnahme von Antibiotika können die Darmflora ins Ungleichgewicht bringen. Ein gestörtes Gleichgewicht der Darmbakterien – etwa eine Dünndarmfehlbesiedlung – kann zu massiven Gesundheitsbeschwerden führen. Mittlerweile gibt es viele Befunde, die darauf hinweisen, dass das Mikrobiom auch bei chronischen Entzündungen eine große Rolle spielt. Bei den Probiotika handelt es sich sozusagen um erwünschte Bewohner unseres Darms. Diese Bakterien können dazu beitragen, die Barrierefunktion des Darms zu stärken und Krankheitserreger in Schach zu halten.

Probiotika kommen natürlicherweise in milchsauren Produkten vor wie etwa Joghurt, Kefir, Buttermilch, aber auch in fermentierten Lebensmitteln wie Sauerkraut, Pickles oder Kimchi. Zudem gibt es Probiotika in Kapsel- und Tropfenform, die wie Arzneimittel verwendet werden. Diese Nahrungsergänzungsmittel sind rezeptfrei erhältlich.

Präbiotika

Anders als bei Probiotika handelt es sich bei den Präbiotika nicht um Mikroorganismen, sondern um Ballaststoffe, die vom Körper nicht verdaut werden. Lösliche Ballaststoffe (beispielsweise Pektin, auch Inulin, Oligofruktose und andere) sind „Bakterienfutter": Sie ernähren unsere Darmflora. Ohne Präbiotika gibt es keine gesunde Darmflora. Lösliche Ballaststoffe wirken positiv auf das Darmbakterienwachstum.

Vollkornprodukte, insbesondere Haferflocken, aber auch Hülsenfrüchte wie Erbsen, Bohnen, Linsen sowie Äpfel, Zitrusfrüchte und Möhren sind reich an löslichen Ballaststoffen. Präbiotika-Power-Produkte sind Leinsamen, Chiasamen und Flohsamen. Alle drei lassen sich ins Müsli rühren oder in den Brotteig kneten. 1 EL eines dieser drei Samen in Wasser eingerührt und darauf zwei Gläser Wasser sind die perfekte Präbiotika-Versorgung.

Polyphenole

Es gibt immer mehr Belege dafür, dass der regelmäßige Verzehr von Polyphenolen in der Ernährung zu weniger Entzündungsprozessen im Körper führt – besonders, wenn sie Teil einer gesunden Ernährung sind und mit einer gesunden Lebensweise einhergehen, das heißt, mit regelmäßiger körperlicher Betätigung und dem Verzicht auf Nikotin und Alkohol. Zwischen den Polyphenolen und dem Darmmikrobiom laufen Prozesse ab, die eine Vermehrung von „guten" Bakterien zur Folge hat: Diese sind in der Lage, nützliche Stoffe zu produzieren, die antioxidative, entzündungshemmende Eigenschaften haben.

Um viele Polyphenole zu sich zu nehmen, sollten Heidelbeeren, rote Beeren, grünes Obst, grüner Tee, Äpfel und (in Maßen) dunkle Schokolade oder Kakao auf dem Speiseplan stehen.

Natürlich essen reduziert den Schmerz

Sie haben es schon gelesen: Wenn Sie Entzündungsprozesse und Schmerzen über Ihr Essen reduzieren möchten, sollten Sie vor allem die in tierischen Lebensmitteln vorkommende Arachidonsäure meiden. Menschen, die unter entzündlichen Gelenkerkrankungen wie Rheuma oder Arthrose bzw. unter Stoffwechselstörungen wie Gicht leiden, sollten die entzündungsfördernde Arachidonsäure nur in Maßen zu sich nehmen.

Das allein reicht leider allerdings nicht aus: Eine pflanzenbetonte Ernährung, viele Ballaststoffe und sekundäre Pflanzenstoffe sowie die richtigen Öle haben ebenfalls einen nicht zu unterschätzenden schmerzlindernden Effekt. Auf das Zusammenspiel der richtigen Lebensmittel kommt es an, und wenn Sie darüber hinaus noch Ihr Gewicht in den Blick nehmen, dürfen Sie bald mit ersten Erfolgen rechnen.

Stimmt mein Körpergewicht?

Üblicherweise zieht man den Body Mass Index (BMI) heran, um zu bestimmen, ob das Gewicht „stimmt". So können Sie mit jedem BMI-Rechner im Internet (einfach in einer Suchmaschine den Begriff eingeben) schnell objektiv prüfen, ob Ihre Waage zu viel oder zu wenig anzeigt. Sie sollten nur dann abnehmen, wenn Sie tatsächlich zu viel wiegen, also einen BMI haben, der als ungesund gilt. Mit zunehmendem Alter steigt der optimale BMI etwas an. Die Tabellen geben einen Überblick über die erwünschten Werte.

Ist Ihr BMI zu hoch, stellt sich die Frage, wie viel Sie denn abnehmen sollten. Halten Sie dazu Rücksprache mit Ihrer Ärztin oder holen Sie sich Rat bei einem Ernährungsberater, der Sie durch diesen Prozess begleitet.

BMI-Einteilung für Erwachsene

GEWICHT	BMI
Untergewicht	unter 20
Normalgewicht	20–25
Übergewicht	26–30
Adipositas	31–40

Optimaler BMI nach Alter

ALTER	BMI
19–24 Jahre	19–24
25–34 Jahre	20–25
35–44 Jahre	21–26
45–54 Jahre	22–27
55–64 Jahre	23–28
älter als 65 Jahre	24–29

Und lassen Sie es langsam angehen: Es kann sein, dass sich auf der Waage zunächst nichts oder nur sehr wenig tut, das heißt aber nicht, dass sich in Ihrem Körper nichts tut! Lassen Sie sich nicht entmutigen, sondern führen Sie Ihren Plan konsequent weiter, es lohnt sich!

> Lassen Sie sich beim Abnehmen nicht entmutigen, sondern führen Sie Ihren Plan konsequent weiter!

Es kommt immer auf Ihr Anfangsgewicht an. Wenn Sie beispielsweise stark übergewichtig sind, ist ein Gewichtsverlust von einem halben Kilo pro Woche ohne Sport realistisch. Dafür müssten Sie 3500 Kilokalorien in der Woche einsparen, also jeden Tag etwa 500 Kilokalorien. In ungesunden Lebensmitteln ausgedrückt ist das etwa eine Tafel Schokolade oder ein Liter Limonade am Tag.

Wie viel Energie Sie am Tag brauchen, korreliert mit Ihrer Körpergröße. So haben große Menschen mit wenig körperlicher Tätigkeit einen durchschnittlichen Energiebedarf von 2000 bis 2400 Kilokalorien, kleinere Menschen entsprechend weniger. Wenn Sie eine App zum Abnehmen nutzen, stellen Sie den täglichen Energiebedarf auf 1500 bis 1700 kcal. Wenn Sie diese Kalorienmenge nicht überschreiten, sollte es gut mit dem Abnehmen klappen.

„Apfeltyp" oder „Birnentyp"?

Unabhängig vom BMI spielt es für Ihre Gesundheit eine Rolle, wo das überflüssige Fett sitzt. So ist der runde Bauch des „Apfeltyps" gefährlicher als die Speckpolster an Hüften, Po und Oberschenkeln des „Birnentyps". Denn das Fettgewebe am Bauch ist aktiv am Stoffwechsel beteiligt und setzt entzündungsfördernde Fettsäuren frei. Da es stark mit dem Bauchumfang korreliert, lassen sich über die Messung des Bauchumfangs mithilfe einen Zentimeterbandes sehr gut Rückschlüsse auf das Viszeralfett schließen.

Liegt der Bauchumfang über einem bestimmten Grenzwert, ist das Gesundheitsrisiko erhöht. Legen Sie das Maßband um die Taille, am besten knapp unterhalb des Bauchnabels und möglichst eng. Ist der Umfang größer als 88 Zentimeter (bei Frauen) bzw. größer als 102 Zentimeter (bei Männern), dann besteht Handlungsbedarf! Sie sollten dringend etwas an Ihren Lebensstil ändern, um Ihre Gesundheit nicht zu gefährden.

Bunt essen hilft

Eine gesunde Ernährung setzt sich aus allen Farben des Regenbogens zusammen.

Der Speiseplan vieler Menschen enthält in der Regel zu viele einfache Kohlenhydrate, einen hohen Anteil an gesättigten Fetten sowie zu viel Fleisch und vor allem Wurst. Diese Kombination fördert stark die Entstehung von Entzündungen und auch Ungleichgewichten im Immunsystem, was die Entstehung von Autoimmunerkrankungen wie Rheuma begünstigt.

Gemüse und Obst bilden bei schmerzenden Gelenken die beste Basis für eine ausgewogene Ernährung, da sie kalorienarm sind und jede Menge Vitamine, Mineralstoffe und sekundäre Pflanzenstoffe sowie auch Ballaststoffe besitzen. Die praktische Formel lautet „5 am Tag" – fünf Portionen Gemüse und Obst täglich, wobei eine Portion einer Handvoll entspricht.

> Gemüse und Obst bilden bei schmerzenden Gelenken die beste Basis für eine ausgewogene Ernährung.

Die Deutsche Gesellschaft für Ernährung e.V. (DGE) empfiehlt, insgesamt eine größere Menge Gemüse als Obst zu essen. Laut aktuellen DGE-Empfehlungen sollten Erwachsene täglich rund 400 Gramm Gemüse (entspricht rund drei Portionen) und etwa 250 Gramm Obst (entspricht rund zwei Portionen) verzehren. Das fällt in diesen Mengen vielen Menschen schwer. Die Gemüsemenge erreichen nur wenige, doch gerade Gemüse hat eine äußerst geringe Energiedichte (das heißt, wenig Kalorien pro Gramm Lebensmittel) und liefert zugleich wichtige Nährstoffe wie beispielsweise Vitamine, wertvolle Mineralstoffe, Ballaststoffe oder sogenannte sekundäre Pflanzenstoffe. Insbesondere letztere sind der Grund dafür, dass Gemüse und Obst ein nicht unerhebliches Potenzial bei der Senkung von Gelenkschmerzen haben. Es lohnt sich also, die Gemüsemenge zu erhöhen!

Sekundäre Pflanzenstoffe

Sekundäre Pflanzenstoffe sind bunt, duftend, aromatisch und vielfältig. Vermutlich gibt es bis zu 100.000 sekundäre Pflanzenstoffe, rund 10.000 davon kommen in unseren pflanzlichen Lebensmitteln vor. Wissenschaftlich identifiziert ist nur ein kleiner Teil, es liegen jedoch zahlreiche Ergebnisse aus Beobachtungsstudien vor, die einen antioxidativen und entzündungshemmenden Einfluss von sekundären Pflanzenstoffen auf das Risiko für die Entstehung verschiedener Krankheiten belegen. Essen Sie möglichst abwechslungsreich saisonales und regionales Obst sowie Gemüse, denn isolierte sekundäre Pflanzenstoffe haben in der Regel nicht denselben Effekt.

Entzündungshemmende sekundäre Pflanzenstoffe sind in vielen Obst- und Gemüsesorten sowie Kräutern enthalten. Linderung versprechen beispielsweise Nahrungsmittel wie Brokkoli und

Meerrettich (Senföle), Spinat (Flavonoide), Knoblauch und Schnittlauch (Allicin), Auberginen und Blaubeeren (Anthocynidin), Möhren und Orangen (Carotinoide). Zu den Polyphenolen zählen zahlreiche unterschiedliche Pflanzenstoffe, unter anderem die Flavonoide und Anthocyane.

Essen Sie Gemüse und Obst in den Farben des Regenbogens!

Die Vitamine C und E in Spinat und Äpfeln und der Mineralstoff Selen im Brokkoli schützen zusätzlich vor freien Radikalen. Das in Äpfeln enthaltene Vitamin B6 wird zudem für die Herstellung des Knorpelbaustoffs Glukosamin benötigt. Zu den Lauchgewächsen Knoblauch, Zwiebeln und Lauch liegen Studien vor, die nachweislich eine knorpelschützende Wirkung zeigen.

Sekundäre Pflanzenstoffe und ihre Wirkung bei Gelenkschmerzen

INHALTSTOFF	VORKOMMEN	WIRKUNG
Carotinoide (Polyphenole)	Tomaten, Möhren, Grünkohl, Fenchel, Spinat, Chicorée, Paprika, Aprikosen, Kürbis, Pfirsiche	• Schutz von Haut und Schleimhaut • Stärkung der Abwehrkräfte und des Immunsystems
Glucosinolate	Kohl, Rettich, Brunnenkresse, Radieschen, Sauerkraut, Senf	• Schutz vor Entzündungsprozessen
Flavonoide (Polyphenole)	Rotkohl, Radieschen, Rote Zwiebeln, rote Salate, Auberginen, Kirschen, Trauben, Pflaumen, Erdbeeren, Kakao, Oliven, grüner Tee	• Schutz vor Entzündungsprozessen • Schutz vor Zellschäden
Saponine	Hafer, Hülsenfrüchte, Spargel, Spinat	• Stärkung des Immunsystems
Sulfide	Knoblauch, Zwiebeln, Lauch, Schnittlauch	• Schutz vor Zellschäden

Vollkorn schlägt Weißmehl

Bei Weißmehlprodukten werden sowohl Keim wie auch Schale entfernt, wodurch das Mehl gegenüber dem Vollkorn wichtige Nähr- und Ballaststoffe verliert. Vollkornprodukte werden im Gegensatz zu Weißmehlprodukten aus dem ganzen Korn hergestellt. Keim, Schale und Mehlkörper sind noch erhalten, ganz gleich, ob es sich dabei um Weizen, Roggen oder Dinkel handelt.

Vollkornprodukte liefern neben den wichtigen Ballaststoffen auch viele B-Vitamine, Mineralstoffe wie Magnesium, Eisen, Selen und Zink, außerdem stecken sie voller komplexer Kohlenhydrate. Ballaststoffe regulieren die Darmtätigkeit, sättigen, fördern die Verdauung und sind wichtiges „Futter" für unsere gesunden Darmbakterien. Sie sorgen dafür, dass unser Darm gesund ist und Botenstoffe an den Körper sendet, die Entzündungsprozesse reduzieren und somit zu Ihrer Gelenkgesundheit beitragen.

Doch nicht alles, was nach Vollkorn aussieht, ist auch Vollkorn. Die Farbe allein ist wenig aussagekräftig, da dem Teig oft dunkelfärbende Zusätze wie Malzsirup beigemischt werden und so ein farblich dunkles Brot entsteht. Daher ist ein Blick auf die Zutatenliste wichtig, denn er gibt Auskunft über den Inhalt: Steht Vollkornmehl an erster Stelle, so ist viel davon enthalten und Sie können davon ausgehen, dass es sich um ein Vollkornbrot handelt. Bei abgepackter Ware finden Sie eine Zutatenliste auf der Verpackung, beim Bäcker liegen Bücher mit den Zutaten der einzelnen Produkte aus, in die Sie hineinschauen können. Ein richtiges Vollkornbrot muss aber mindestens zu 90 Prozent aus Vollkornmehl oder alternativ Vollkornschrot bestehen. Dabei beziehen sich diese 90 Prozent auf den jeweiligen Getreideanteil des Brotes.

> Ein Blick auf die Zutatenliste gibt zuverlässig Auskunft über den Inhalt von Teigwaren.

Weizen – gut oder schlecht?

Vollkornbrot und Müsli gelten als Inbegriff einer gesunden Ernährung. So empfiehlt die DGE, täglich mehrere Getreideportionen etwa in Form von Brot und Nudeln zu essen. In vielen unserer

Grundnahrungsmittel steckt Weizen, idealerweise in Vollkornform. Doch seit einigen Jahren steht Weizen immer wieder unter Verdacht, denn er enthält Agglutinin (ein Weizenlektin, das sich weder durch Hitze noch durch Lagerung verändern lässt), dem schädliche Eigenschaften nachgesagt werden.

Obwohl es bisher keine eindeutigen wissenschaftlichen Belege für die Gefährlichkeit von Weizenlektin gibt, das in Form von Mehl seit Jahrtausenden Teil unserer Ernährung ist, wird immer wieder behauptet, es könnte bei Menschen nicht nur zu Darmschäden, sondern auch zu Gelenkentzündungen führen. Diese Behauptung fußt auf einer alten Studie von 1978, die wegen der Teilnehmerzahl von sechs Personen und einer Dauer von vier Tagen nicht aussagekräftig ist und darüber hinaus keine Nebenwirkungen oder Langzeitfolgen berichtet. Studien, die später an Mäusen mit hochdosierten Mengen an Weizenlektin durchgeführt und Veränderungen zeigten, sind schwer übertragbar auf den menschlichen Darm. Aber wie Sie es auch halten wollen: In meinen Rezepten verwende ich durchgehend Dinkel, das Sie jederzeit mit der entsprechenden Menge Weizen ersetzen können.

Ob Weizen oder Dinkel – ab und zu Weißmehl ist kein Problem, Vollkorn ist aber die bessere Alternative.

Purine verringern

Wenn das Blut zu viel Harnsäure enthält, kann eine Gicht entstehen. Nach Schätzungen erkrankt aber nur etwa ein Drittel aller Menschen mit einem erhöhten Harnsäurespiegel an einer Gicht: Harnsäure ist ein Abbauprodukt der sogenannten Purine (siehe Seite 16) und wird normalerweise mit dem Urin ausgeschieden. Bei manchen Menschen scheiden die Nieren aber nicht genug Harnsäure aus, und dadurch steigt der Harnsäurespiegel im Körper an. Bei Überschreitung eines bestimmten Grenzwertes kann die Harnsäure Kristalle bilden, die sich in den Gelenken ablagern, wo sie einen Gichtanfall auslösen können.

Neben einem erhöhten Harnsäurespiegel spielen noch andere Faktoren eine Rolle – unter anderem der Flüssigkeitshaushalt in den Gelenken. So bilden sich in Gelenken eher Harnsäurekristalle, wenn deren Gewebe wenig Flüssigkeit enthält. Auch der Säuregrad (pH-Wert) der Gelenkflüssigkeit und die Gelenktemperatur haben einen Einfluss. Was können Sie tun?

Fleisch, Fisch und Meeresfrüchte enthalten viele Purine. Wenn sie in größeren Mengen verzehrt werden, erhöhen sie leicht das Risiko, an Gicht zu erkranken.

- Auch manche pflanzlichen Lebensmittel, z. B. Hülsenfrüchte, Spargel und Spinat, sind purinreich. Der Verzehr von Hülsenfrüchten und anderem Gemüse zeigten in Studien jedoch keinen Einfluss auf die Entstehung von Gicht.
- Alkohol fördert die Bildung von Harnsäure und hat eine entwässernde Wirkung. Zudem verhindert Alkohol die Ausscheidung der Harnsäure über die Nieren. Vor allem Hefeweizen enthält relativ viele Purine. In Studien hat sich gezeigt, dass Bier und hochprozentiger Alkohol Gicht begünstigen können.
- Getränke und Süßigkeiten, die viel Fruchtzucker oder auch Zucker im Allgemeinen enthalten, können ebenfalls eine Rolle spielen. Dies gilt besonders für gezuckerte Getränke wie Cola, aber auch Fruchtsäfte.
- Achten Sie auf eine magnesiumreiche Ernährung – Nüsse, Haferflocken und magnesiumreiches Mineralwasser können bei Gicht helfen. Laut Studien senkt Magnesium im Blut den Harnsäurespiegel und verringert Entzündungen. Mineralwasser mit einem hohen Hydrogencarbonatgehalt neutralisiert Säuren und sorgt dafür, dass Harnsäure nicht auskristallisiert und damit besser ausgeschieden wird.
- Nicht zuletzt hilft viel trinken, so wird mehr überschüssige Harnsäure ausgeschwemmt.

Viel trinken hilft dabei, überschüssige Harnsäure auszuschwemmen.

Kein oder wenig Fleisch

Unser hoher Fleischkonsum fördert die Massentierhaltung und geht damit zulasten von Tieren und Klima. Doch zu viel Fleisch und Wurst können auch unseren Gelenken schaden, da sie viel Arachidonsäure, eine Omega-6-Fettsäure, sowie viele Purine enthalten. Im Schnitt verzehren wir Deutschen zwar weniger als früher, aber immer noch rund 52 Kilogramm Fleisch pro Jahr. Das ist mehr als ein Kilo Fleisch pro Woche. Dabei rät die DGE dazu, nicht mehr als 300 bis 600 Gramm Fleisch pro Woche zu essen – hochgerechnet aufs Jahr entspricht das 15 bis 31 Kilogramm.

Die Arachidonsäure aus tierischen Lebensmitteln ist unter anderem an der Bildung entzündlicher Botenstoffe beteiligt. Sie fördert die körpereigene Produktion sogenannter Eicosanoide, z. B. Prostaglandine und Leukotriene. Diese sind an entzündlichen Prozessen im Körper beteiligt. Arachidonsäure steht im Verdacht, entzündliche Erkrankungen wie Rheuma zu fördern.

Eine wissenschaftliche Studie an Betroffenen mit rheumatoider Arthritis unterstützt die Annahme, dass eine niedrige Zufuhr von Arachidonsäure durch eine vegetarische Ernährung und die Ergänzung von Fischöl entzündungshemmende Effekte zeigt und den Krankheitszustand verbessern kann.

Fangen Sie langsam an und versuchen Sie, nur noch dreimal pro Woche Fleisch zu essen.

Ein Baustein, um weniger Schmerzen in den Gelenken zu haben, ist die Reduzierung bzw. der Verzicht auf Fleisch. Doch weniger Fleisch zu essen, fällt vielen schwer. Fangen Sie langsam an, z. B., indem Sie nur noch dreimal pro Woche Fleisch essen. Auch das hilft Ihren Gelenken, wenn zuvor täglich Fleisch auf Ihrem Speiseplan stand. Lassen Sie sich auf Neues ein: Werden Sie kreativ und probieren Sie die vielen fleischlosen Rezepte in diesem Buch aus!

Das Wechselspiel der Fettsäuren

Als Gegenspieler der mehrfach ungesättigten Arachidonsäure, also einer Omega-6-Fettsäure, treten die „guten" Omega-3-Fettsäuren Eicosapentaensäure (EPA) und Docosahexaensäure (DHA) und Alpha-Linolensäure auf. Sie können die Umwandlung der Arachidonsäure in entzündungsfördernde Stoffe blockieren und haben somit entzündungshemmende Effekte.

Eine weitere Omega-6-Fettsäure, die Linolsäure, die in viel größeren Mengen über die Nahrung aufgenommen wird, kann in Arachidonsäure, die Vorstufe von Entzündungsvermittlern, umgebaut werden. Auch hier helfen die „guten" Omega-3-Fettsäuren Alpha-Linolensäure, EPA und DHA dabei, dass dieser Stoffwechselweg in seiner Intensität reduziert wird.

Um Entzündungsprozesse in den Ursachen auf biochemischer Ebene zu bekämpfen, ist es für den Organismus wichtig, dass Sie bewusst mehr Omega-3-Fettsäuren als Omega-6-Fettsäuren mit dem Essen aufnehmen. Sind die Körperzellen nicht gut mit Omega-3-Fettsäuren versorgt, kann es zu einem Zuviel an Arachidonsäure im Gewebe kommen. Die guten Omega-3-Fettsäuren scheinen nicht nur den Arachidonsäure-Entzündungsweg zu hemmen, sondern sie bilden die Basis für entzündungshemmende Botenstoffe.

Milch und Käse aufs Fett geschaut

Die Vielfalt an Milchprodukten ist riesig und nahezu unüberschaubar. Es gibt nicht nur mehr als 3000 Käsesorten, sondern auch meterweise Kühlregale mit Milch, Quark, Joghurt, Pudding & Co. – von fast fettfrei bis vollfett.

Je natürlicher die Kühe gehalten werden, desto hochwertiger ist ihr Milchfett: Alm- und Weidekühe, die täglich grasen dürfen, geben omega-3-reichere Milch als ihre auf Hochleistung getrimmten Artgenossinnen. Diese stehen eingesperrt im Stall und werden mit Kraftfutter und Silage gefüttert, was sich ungünstig auf die Zusammensetzung der Fettsäuren in der Milch auswirkt.

> Natürlich gehaltene Kühe produzieren hochwertigeres Milchfett.

Milchfett zu beurteilen, ist nicht einfach, folglich ist die Studienlage nicht eindeutig, ob Vollmilch oder fettarme Milchprodukte besser sind. Im Milchfett stecken etwa 70 Prozent gesättigte Fettsäuren, die allgemein als ungesund gelten. Doch handelt es sich um insgesamt zehn verschiedene gesättigte Fettsäuren, davon haben sieben gesättigte Fettsäuren keinen negativen Einfluss auf unsere Gesundheit, nur drei gesättigte Fettsäuren, nämlich Laurin-, Myristin- und Palmitinsäure, wirken sich negativ auf Entzündungsprozesse aus. Auch Transfettsäuren stecken in der Milch, aber diese sind kurzkettig, können daher gut verstoffwechselt werden und gelten damit als unbedenklich.

Leider enthalten auch Milch und die daraus hergestellten Produkte Arachidonsäure, wenn auch um ein Vielfaches weniger als Fleisch. Essen Sie dennoch fetten Käse, Sahne und Creme fraîche nur selten. Das kommt auch einem eventuellen Übergewicht zugute: Wenn die Gelenke weniger tragen sollen, ist es sinnvoll, bei Milch, Joghurt & Co. auf die 1,5-Prozent-Variante zu setzen. Käse sollte nicht mehr als 25 Gramm Fett absolut auf 100 Gramm enthalten. Sahne lässt sich gut mit Soja- oder Hafercreme, die ohne Zusatz von Sonnenblumenöl hergestellt werden (siehe S. 39), ersetzen. Saure Sahne, Sahnejoghurt und griechischer Joghurt haben 10 Prozent Fett absolut und können ebenfalls anstelle von Sahne zum Binden von Soßen verwendet werden.

Wenn die Gelenke weniger tragen sollen, ist es sinnvoll, bei Milch, Joghurt & Co. auf die 1,5-Prozent-Variante zu setzen.

Was bedeutet „Fett i. Tr." bei Quark oder Käse?

Käse und käseartige Produkte wie Quark tragen den Zusatz „40 % Fett i. Tr.", also „Fett in der Trockenmasse". Absolut gesehen steckt jedoch weniger Fett in Quark oder Käse. Im Prozess der Reifung sinkt jedoch der Wassergehalt, es steigt also der prozentuale Anteil der Trockenmasse – und mit ihm der relative Fettgehalt. Der tatsächliche Fettgehalt liegt also immer niedriger. Und: Je älter der Käse, desto kleiner ist die Differenz zwischen absolutem und relativem Fettgehalt.

Pflanzliche Öle wirken

Viele wissenschaftliche Studien deuten darauf hin, dass Omega-3-Fettsäuren einen positiven Einfluss auf Gelenkschmerzen haben, da sie als Gegenspieler der Omega-6-Fettsäuren die Entzündungsprozesse herunterregulieren. Sonnenblumenöl und Distelöl sind sehr potente Omega-6-Fettsäure-Lieferanten, helfen also Ihren Gelenken nicht. Setzen Sie lieber auf Leinöl, Rapsöl, Walnussöl und Hanföl, in denen Alpha-Linolensäure, eine Omega-3-Fettsäure, enthalten ist.

Omega-3-Fettsäuren haben einen positiven Einfluss auf Gelenkschmerzen.

Benutzen Sie Rapsöl zum Kochen und Backen; Leinöl, Walnussöl und Hanföl ist nur für die kalte Küche geeignet. Wenn Sie an Arthrose leiden, empfehle ich Ihnen, täglich 1 EL Leinöl zu verwenden, das sich gut ins Müsli oder eine Quarkspeise rühren lässt. Olivenöl verhält sich neutral bei Entzündungsprozessen und enthält vor allem Omega-9-Fettsäuren. Diese Fettsäuren scheinen eine Reparaturfunktion in allen Zellwänden, aber vor allem in den Gefäßwänden zu haben.

In Leinöl, Rapsöl, Walnussöl und Hanföl finden sich gesunde Omega-3-Fettsäuren.

Lachs, Hering & Co.

Regelmäßiger Fischverzehr hat einen positiven Einfluss nicht nur auf Gelenkschmerzen, sondern auch auf andere Zivilisationskrankheiten. Für diesen positiven Effekt sind die langkettigen Omega-3-Fettsäuren Eicosapentaensäure (EPA) und Docosahexaensäure (DHA) verantwortlich. Diese Fettsäuren findet man in größeren Mengen in Lachs, Hering, Sprotte und Thunfisch als Frischware (Thunfisch in der Dose hat kaum Fett und somit kaum Omega-3-Fettsäuren). Wenn Sie grundsätzlich keinen Fisch essen, sollten Sie überlegen, Fischöle oder Algenöle zu verwenden – mehr dazu auf S. 57.

Nachhaltig Fisch essen

Auf der einen Seite sprechen gesundheitliche Gründe dafür, öfter mal Fisch zu essen, auf der anderen Seite stehen ökologische Argumente dagegen: die Überfischung der Meere, der Einsatz von Antibiotika, die Belastung durch Schwermetalle. Wenn Sie unsicher sind, welchen Fisch Sie bedenkenlos verzehren können, achten Sie auf Siegel, die Ihnen helfen, zwischen besserem und schlechterem Fisch zu unterscheiden.

Für Wildfisch gibt das MSC-Siegel („Marine Stewardship Council") Hinweise auf nachhaltige Fangmethoden und rückverfolgbare Lieferketten.

Für Fisch aus Zuchten sind die Siegel von EU, Bioland und Naturland sowie vom ASC („Aquaculture Stewardship Council) maßgeblich. Das Fisch-Gütesiegel ASC ist eine Kompromisslösung bzw. das Resultat aus einem Verhandlungsprozess mit einer Vielzahl von Teilnehmern. Die EU-Bio-, Bioland- und Naturland-Zertifizierungen für Zuchtfische erfüllen strengere Ziele, was Fütterung (Medikamenteneinsatz in der Aufzucht) und Fischhaltung (Besatzdichte) betrifft. In den ASC-Standards werden folgende Punkte berücksichtigt, die das Tierwohl sichern sollen:

- Die Auswahl des Standortes der Aquakultur muss sich für Zuchtfische eignen.
- Eine geringe Sterblichkeitsrate während der Zucht muss nachgewiesen sein.
- Eine gute Wasserqualität muss eingehalten werden.
- Antibiotika dürfen nur unter medizinischer Überwachung und nur für erkrankte Tiere eingesetzt werden.

Die fünf Siegel für nachhaltige Fischzucht

Da nicht alle Fische immer eines dieser fünf Siegel tragen, können Sie sich zusätzlich die WWF-Fischratgeber-App herunterladen. Sie hilft Ihnen, mithilfe der Ampelfarben Entscheidungen beim Fischeinkauf zu treffen. Die App hilft außerdem, Meere und Fischbestände zu schonen, ohne dabei auf Fisch verzichten zu müssen.

Süßes wohldosiert

Auch wenn die meisten Menschen bei Süßem nicht widerstehen können – ein Zuviel an Zucker fördert Entzündungen. Daher ist es entscheidend für Ihre Gelenkgesundheit, den Konsum von Süßem, Gebäck und Kuchen zu begrenzen. Oft ist uns überhaupt nicht bewusst, in welchen Lebensmitteln er steckt. Klar, in Süßigkeiten, aber auch Ketchup und Gewürzsoßen, Frühstückscerealien und Fruchtsäfte enthalten sehr hohe Mengen an Zucker.

Auch in Ketchup und Gewürzsoßen, in Fruchtjoghurts, Müslis und Fruchtsäften versteckt sich viel Zucker.

Vielen Menschen ist nicht bekannt, dass Zucker auch die Darmflora schädigen kann – vor allem dann, wenn der hohe Zuckerkonsum gleichzeitig mit einer ballaststoffarmen Ernährung einhergeht. Wissenschaftliche Untersuchungen belegen, dass zu viel Zucker die Zusammensetzung der Darmbakterien negativ beeinflusst: Die Zahl der „guten" Darmbakterien, die unsere Gesundheit unterstützen, sinkt, die krank machenden Mikroorganismen gewinnen die Oberhand. Anscheinend fördern Zucker wie Saccharose, Fruktose und Glukose das Wachstum von Bakterien, die bestimmte Enzyme produzieren. Diese Enzyme können die Darmschleimhaut angreifen, die ein Schutzschild gegenüber krank machenden Mikroorganismen darstellt. So, vermutet man, entstehen möglicherweise chronische Entzündungsreaktionen im Körper.

Gesunde Menschen sollten die Zuckermenge von 50 Gramm (5 EL) am Tag nicht überschreiten. Allein eine kleine Banane enthält 20 Gramm Zucker. Bei Gelenkschmerzen sollten Sie versuchen, die 25 Gramm (5 TL) am Tag nicht zu überschreiten, das bedeutet, mehr als täglich einen Riegel Schokolade oder ein Dessert sind nicht empfehlenswert.

Wenn Sie gerne und viel Zucker in Form von Süßem gegessen haben, können Sie versuchen, die Menge zu reduzieren oder nach einer zuckerärmeren Variante suchen. Wenn Sie von Vollmilchschokolade auf eine dunklere Schokolade umsteigen, geht es Ihnen vielleicht so wie vielen: Sie brauchen auf einmal gar nicht so viel, da die Kakaonote viel deutlicher ist und der Geschmack länger anhält. Auch hilft es, einfach Ihre geliebten Markensüßigkeiten nicht mehr einzukaufen. Vieles tun wir aus Gewohnheit – Süßigkeiten hatten vielleicht in Ihrer Kindheit und Jugend einen hohen Stellenwert – aber brauchen Sie sie heute wirklich noch?

Zuckergehalt ausgewählter Lebensmittel

LEBENSMITTEL	ZUCKER IN g
Milchschnitte, 1 Stück (30 g)	6
Hanuta, 1 Stück (25 g)	9
Müsli-Riegel, 1 Stück (25 g)	15
Fruchtjoghurt, 1 Becher (250 g)	21
Apfelsaftschorle (500 ml)	30
Apfelsaft (500 ml)	54
Cola-Getränk (500 ml)	55
Limonade (500 ml)	55
Vollmilchschokolade, Ritter Sport (100 g)	56
Gummibärchen, 1 Tüte (100 g)	76
Ketchup, 1 Flasche (400 ml)	120
Nuss-Nougat-Creme, 1 Glas (400 g)	200

„Gesund naschen“ wären täglich 20 g Nüsse, also 10–15 Haselnusskerne oder 6-8 Walnüsse. Sie haben kaum Zucker, aber dafür ein sehr gutes Fettsäurenmuster. Doch Vorsicht: Zwar ist ihr Fettsäurenmuster gut, Nüsse zählen jedoch zu den Lebensmitteln mit einen extrem hohen Energiegehalt.

Richtig trinken

Viel trinken regt den Stoffwechsel an. Morgens entgiftet unser Organismus am effektivsten. Unterstützend wirkt die Einnahme von viel Wasser oder auch von Basentee. Er beinhaltet Kräutermischungen, die einer Übersäuerung vorbeugen und den Körper mit wertvollen basischen Stoffen versorgen. Zu den basischen Kräutern und Gewürzen gehören unter anderem Brennnessel, Löwenzahn, Kamille, Rooibos, Pfefferminze, Haferkraut, Salbei, Ingwer, Fenchel, Zimt, Süßholzwurzel, Schafgarbe, Zitronengras, Steinklee, Birkenblätter, Holunderblüten, Brombeerblätter, Lindenblüten, Malvenblüten und Goldrute. Diese Liste ist bestimmt nicht vollständig, aber sie zeigt Ihnen, dass Sie unter dieser großen Auswahl sicherlich einen Basentee finden, der Ihnen schmeckt.

> Finden Sie unter einer Vielzahl von Basentees den wohlschmeckendsten für sich heraus.

Empfehlenswert sind etwa zwei Liter Flüssigkeit pro Tag, wobei an heißen Sommertagen oder bei sportlicher Betätigung deutlich mehr getrunken werden darf. Gegen den Genuss von zwei bis vier Tassen Kaffee oder schwarzem Tee ist nichts einzuwenden. Natürlich darf auch mal eine Saftschorle ein Durstlöscher sein, doch hauptsächlich sollten Sie Wasser trinken.

Fasten reduziert den Schmerz

> Fasten hat deutliche Effekte auf chronische Schmerzerkrankungen des Bewegungsapparats.

In spezialisierten Fastenkliniken konnten deutliche Effekte des Fastens bei chronischen Schmerzerkrankungen des Bewegungsapparats beobachtet werden. Fastenkuren werden auch häufig in der naturheilkundlichen Behandlung von Menschen mit Arthritis empfohlen. Eine Studie des Universitätsklinikums Jena befasste sich mit der Wirksamkeit ambulanten Heilfastens auf Beschwerden bei Fingergelenks- und Kniearthrose. 30 Probanden befolgten zwei Wochen lang das Konzept des Heilfastens nach Buchinger: drei Entlastungstage, acht Fastentage und vier Aufbautage mit Befragungen und Untersuchungen nach vier und nach zwölf Wochen. Untersucht wurden Schmerzintensität, Anlauf-, Belastungs- und Ruheschmerz, Druckschmerzschwelle sowie die Gelenkfunktion. Die Studie ergab, dass sich das Schmerzempfinden, das Körpergewicht, der BMI sowie der Schmerzmittelverbrauch signifikant reduziert hatten.

Eine Erklärung dafür lautet folgendermaßen: Wenn der Körper beim Fasten statt der täglichen 2000 kcal und mehr plötzlich nur noch 500 kcal oder weniger an Energie zur Verfügung hat, muss er sich anpassen. Der Stoffwechsel stellt auf Sparmodus um und greift auf seine Energiespeicher zurück: Glykogen, Fett und Protein. Vor allem der niedrige Blutzuckerspiegel führt dazu, dass sich der Insulinspiegel verringert und vermehrt Glukagon und Adrenalin ausgeschüttet werden. Diese Hormone regen die Fettdepots dazu an, Triglyzeride freizusetzen. Die Leber nutzt die Energie aus diesen Fetten, um selbst Zucker herzustellen. Es entstehen dabei Ketonkörper, die den Eiweißbedarf reduzieren und durch den verlangsamten Eiweißstoffwechsel auch Entzündungen reduzieren.

Heilfasten nach Buchinger

Nach Otto Buchinger (1878–1966) gehört zum eigentlichen Fasten auch die Balance von Bewegung und Ruhe. Fasten sollte nur, wer über ausreichend körperliche und seelische Reserven verfügt. Die Übergangstage verlangen ein kalorienarmes Essen, leichte Gemüsegerichte bilden den Schwerpunkt. Das eigentliche Fasten beginnt mit einer Darmreinigung. Während des Fastens werden zwei bis drei Liter getrunken: Kräuter- oder schwarzer Tee, mittags Brühe und abends einen Viertelliter Obstsaft. Jeden zweiten Tag wird abgeführt. Nach dem Fastenbrechen ist es wichtig, mit einer kalorienarmen, sehr gemüselastigen Kost weiterzumachen.

Wenn Sie Ihre Fastenkur richtig angehen, verspüren Sie keinen Hunger und fühlen sich wohl. Auf Sport oder körperliche Bewegung müssen und sollten Sie während des Heilfastens nicht verzichten.

Intervallfasten

Intervallfasten liegt nicht nur im Trend, sondern hilft auch bei Arthrose. Durch das Fasten kommt es nicht nur zur Gewichtsabnahme, sondern zu heilsamen biochemischen Veränderungen im Körper, etwa zu einem verbesserten Zucker- und Fettstoffwechsel: Es werden Stoffe ausgeschüttet, die Entzündungen dämpfen.
Bei der beliebten 16:8-Methode liegen zwischen der letzten Mahlzeit des Vortages und der ersten Mahlzeit des Tages 16 Stunden. In den acht Stunden, in denen man essen darf, werden zwei Mahlzeiten zu sich genommen. Mehr Disziplin erfordert die 5:2-Methode: An fünf Tagen in der Woche wird normal gegessen, an zwei Tagen nur sehr wenig.

Die 1:1-Methode, auch alternierendes Fasten oder „Alternate-Day-Fasting“ genannt, kann bei richtiger Anwendung sehr erfolgreich sein. Bei dieser Variante essen Sie einen Tag normal, am nächsten Tag nehmen Sie etwa 25 Prozent der sonst üblichen Energiemenge zu sich. So wechseln Sie zwischen „normalen“ Tagen und Fastentagen ab. Probieren Sie aus, welche der Methoden Ihnen am meisten liegt.

Gewürze und Kräuter: Wirksame Helfer aus der Natur

Kräuter und Gewürze können Gelenkschmerzen lindern. Eine vielversprechende Gewürzmischung zu gleichen Teilen aus Kreuzkümmel (Cumin), Koriander und Muskat soll bei 80 Prozent der Arthrose-Patienten die Beschwerden lindern, viele können mit ihrer Hilfe sogar die Dosierung ihrer Schmerzmedikamente reduzieren. Heilen können die Wirkstoffe der Gewürze den Gelenkverschleiß nicht, aber sie können die Durchblutung der Gelenkschleimhaut verbessern. Nehmen Sie zwei Messerspitzen der Gewürzmixtur pro Tag mit Wasser oder Joghurt ein.

Viele Küchengewürze, Tees und sogar grüner Tee gelten als Heilmittel bei Arthrose. Wenn Sie über eine gesunde Ernährung hinaus etwas für Ihre Gelenke tun möchten, finden Sie hier wertvolle Informationen über weitere Heilpflanzen und ihre Wirkung auf Gelenkschmerzen.

Brennnessel

Die Brennnessel war als Heilpflanze schon im Mittelalter bekannt. Heute wird die Pflanze überwiegend bei Harnwegserkrankungen eingesetzt, aber auch bei Rheuma zeigt sie eine positive Wirkung. Brennnessel ist reich an Carotinoiden, Gerbstoffen und Kieselsäure. Brennnessel als Tee gekocht erhöht die Ausschwemmung von Harnsäure.

Brennnesseltee: 1 EL getrocknete Brennnesselblätter mit 1 Tasse kochendem Wasser überbrühen. 10 Minuten zugedeckt ziehen lassen, abseihen und trinken.

Ackerschachtelhalm

Die medizinische Wirkung des Ackerschachtelhalms kommt hauptsächlich durch die Kieselsäure, Flavonoide und Kampferöl. Außerdem erhält die Heilpflanze viel Kalzium, Kalium und Magnesium. Die grünen Triebe des Ackerschachtelhalms werden zu Heilzwecken verwendet. Dem Tee wird eine harntreibende, blutstillende und abschwellende Wirkung zugeschrieben, daher wird die Pflanze bei erhöhter Harnsäure und Arthrose empfohlen.

Ackerschachtelhalmtee: 1 TL Ackerschachtelhalmgrün mit 1 Tasse Wasser etwa 1 Minute sprudelnd kochen (sonst löst sich die Kieselsäure nicht). 30 Minuten auf einem Stövchen ziehen lassen, abseihen und trinken. Nicht mehr als 2 Tassen pro Tag.

Chili

Verantwortlich für die schmerzlindernde Wirkung von Chili ist dessen Inhaltsstoff Capsaicin. Capsaicin wirkt in Cremes oder Pflastern äußerlich auf ein betroffenes Gelenk. Capsaicin mag anfangs schmerzen, brennen und jucken, aber nach mehrmaliger Anwendung senkt es die Empfindlichkeit gegenüber Schmerzreizen. Ob Capsaicin als Gewürz in Lebensmitteln bei Gelenkschmerzen hilft, ist noch unklar. Doch in einem ist man sich sicher: Es schadet auch nicht.

Giersch

Schon im Mittelalter war der Giersch ein wichtiges Heilmittel gegen Gicht, und auch heute noch wird dem Giersch eine positive Wirkung bei rheumatischen Erkrankungen zugeschrieben. Er wirkt harntreibend und entsäuernd, löst Harnsäure und hilft dem Körper, Harnsäurekristalle auszuschwemmen. Jungen Giersch können Sie auf dem Fensterbrett anbauen und als Küchenkraut verwenden (siehe die Rezepte auf S. 91 und 94).

Gierschsamen erhalten Sie im Biofachhandel. Er lässt sich leicht auf dem Fensterbrett oder auf dem Balkon ziehen.

Gierschtee: 1 EL der getrockneten Gierschblätter mit 1 Tasse kochendem Wasser überbrühen. 10 Minuten zugedeckt ziehen lassen, abseihen und trinken.

Ingwer

Die Ingwerknolle ist ein wahres Superfood. Als Hausmittel gegen Erkältungen, Halsschmerzen, Übelkeit, Erbrechen, Appetitmangel und Verdauungsprobleme ist es lange schon bei uns bekannt. Seit Jahrhunderten nutzt die traditionelle Medizin Chinas und Indiens die Wurzelknolle zur Schmerzbehandlung bei Rheuma. Wissenschaftliche Studien bestätigen ihre entzündungshemmende und schmerzstillende Wirkung bei Arthrose.

Mit Ingwer verringern sich nachgewiesenermaßen die Schmerzen als auch die Bewegungseinschränkungen einer Arthrose im Knie oder in der Hüfte deutlich. Das 6-Gingerol, 6-Shogaol werden als wichtige Schmerzinhaltstoffe des Ingwers bei Arthrose genannt. Ingwer ist Bestandteil vieler Rezepte dieses Buches.

Ingwertee: 1 TL geschälte, fein gehackte Ingwerwurzel mit 1 Tasse kochendem Wasser überbrühen. 10 Minuten zugedeckt ziehen lassen, abseihen und trinken.

Koriander

Koriander zählt zu den ältesten Küchenkräutern der Welt. Vor allem in Indien, China und Ägypten wird Koriander seit Jahrtausenden nicht nur wegen seiner süßlichen Würze geschätzt, sondern in erster Linie als Heilpflanze. Heute weiß man, dass Menschen mit chronischen Entzündungskrankheiten wie Rheuma einen niedrigen Antioxidantienspiegel im Körper aufweisen. Der ausgesprochen hohe Gehalt von Antioxidantien in Korianderblättern könnte diesen niedrigen Spiegel heben und so zur Linderung der Entzündung beitragen.

Auch Koriandersamen zeigen sich wirksam gegen chronische Entzündungskrankheiten. Das bestätigt eine Untersuchung in Indien. Getestet wurden die entzündungshemmenden Eigenschaften von Koriandersamen an rheumakranken Laborratten. Es stellte sich heraus, dass die Tiere infolge der Koriandertherapie deutlich weniger unter Entzündungen und Schwellungen litten als ihre Vergleichsgruppe, die Cortisol erhielt. Mit Korianderblättern und -samen lässt sich wunderbar kochen, sie sind in vielen Rezepten dieses Buches enthalten.

Koriandersamen zeigen sich wirksam gegen chronische Entzündungskrankheiten.

Kurkuma

Kurkuma, auch als Gelbwurz bezeichnet, gehört zur Familie der Ingwergewächse. Ihre wertvolle Substanzen beinhalten vor allem Curcumin, aber auch B-Vitamine, Vitamin A und C, E und K sowie Selen und weitere Spurenelemente. Die Anwendung von Kurkuma als Heilpflanze hat in der ayurvedischen Medizin und in der traditionellen chinesischen Medizin eine jahrtausendalte Tradition. Die Heilpflanze gehört heute zu den am besten untersuchten. Die entzündungshemmende und abschwellende Wirkung des natürlichen Wirkstoffs Curcumin wurde in vielfältigen Studien nachgewiesen. Die WHO hat Kurkumin als entzündungshemmenden und schmerzstillenden Wirkstoff eingestuft, der als Mittel gegen degenerative Arthrose, gegen Arthritis und gegen Rheuma empfohlen wird.
Mit Kurkuma lässt sich in der süßen wie pikanten Küche würzen – probieren Sie die entsprechenden Rezepte aus!

Kurkumatee: 1 EL Kurkumapulver mit 1 Tasse kochendem Wasser überbrühen. 10 Minuten zugedeckt ziehen lassen, Klümpchen abseihen, ein paar Tropfen bis zu 1 EL Leinöl einrühren (Fett verbessert die Aufnahme) und trinken.

Muskatnuss

Die Muskatnuss ist eigentlich keine Nuss, sondern ein Samen. Muskat ist reich an ätherischen Ölen wie Eugenol, Myristicin, Pinen, Safrol und Lycopin. Muskat kommt in der Naturheilkunde bei Arthrose und Rheuma zum Einsatz. Doch Vorsicht, zu hohe Dosen können zu Nebenwirkungen wie Benommenheit, Halluzinationen, Schwindel und Übelkeit führen. Eine Prise täglich ans Essen oder auch ins Öl gerührt zur inneren und äußeren Anwendung genügen.

Ringelblume

Die Ringelblume, auch Goldblume genannt, ist schon seit langer Zeit eine Heilpflanze. Ihre entzündungshemmende Wirkung kann auch Gelenkschmerzen lindern helfen. Neben der äußeren Anwendung lässt sich aus den Blütenblättern der Ringelblume ein Tee herstellen.
Ringelblumentee: 2 TL der getrockneten Ringelblumenblütenblätter mit 1 Tasse kochendem Wasser überbrühen. 10 Minuten zugedeckt ziehen lassen, abseihen und trinken. 2–3 Tassen täglich haben therapeutische Wirkung.

Rosmarin

Rosmarin ist für uns das mediterrane Kraut, mit dem Fleischgerichte und Ratatouille gewürzt werden. Es schmeckt nicht nur gut, es ist auch eine alte Heilpflanze, die ebenfalls aufgrund seiner ätherischen Öle bei Arthrose lindernd wirken kann.
Rosmarintee: 1 TL klein geschnittene getrocknete Rosmarinnadeln oder 1 frischer Zweig mit 1 Tasse kochendem Wasser überbrühen. 10 Minuten zugedeckt ziehen lassen, abseihen und trinken.

Teufelskralle

Teufelskralle, die afrikanische Heilpflanze mit den schönen Blüten, gilt als entzündungshemmendes und schmerzlinderndes Heilmittel gegen Arthrose und allgemeine Gelenkschmerzen. Die Extrakte der Pflanze können Stoffwechselvorgänge bremsen, die den Abbau der Knochen verursachen. Man kann Teufelskralle als Tee oder Salbe verwenden.
Teufelskrallentee: 1 TL Teufelskrallenwurzel mit ½ l Wasser aufkochen und über Nacht bedeckt stehen lassen, morgens abseihen. Zu jeder Mahlzeit 1 kleines Glas kalten Teufelskrallensud trinken.

Weidenrinde

Das Wissen um die Heilwirkung der Weidenrinde wurde bereits in der Steinzeit entdeckt. In der Weide stecken zahlreiche Wirkstoffe, die sich gegenseitig beeinflussen und erst in ihrer Gesamtheit das besondere Potenzial des Heilmittels ausmachen. Neben Salicin enthält die Weidenrinde Derivate des Salicins wie Salicortin, Tremulacin und Populin, deren Zusammensetzung abhängig von der jeweiligen Stammpflanze variiert. Darüber hinaus enthält Weidenrinde sekundäre Pflanzenstoffe wie Polyphenole, darunter Flavonoide, die entzündungshemmend und antioxidativ wirken.
Weidenrindentee: 2 TL fein geschnittene Weidenrinde mit 1 Tasse siedendem Wasser überbrühen. Nach 5 Minuten abseihen und genießen.

Vitamine und Co.: Der richtige Mikronährstoffmix

Damit unsere Gelenke gut funktionieren, muss unser Körper gut mit Nährstoffen versorgt sein. Unsere Gelenke sind auf die ununterbrochene Versorgung mit wichtigen Mikronährstoffen durch die Gelenkflüssigkeit angewiesen. Diese Mikronährstoffe, die wir in der Regel mit der Nahrung aufnehmen, gelangen, wenn sie einmal aufgenommen sind, über das Blut zur Gelenkflüssigkeit. Diese enthält Mineralstoffe, aber auch Proteine und Kohlenhydrate. Mit diesen Grundbausteinen lassen sich Hyaluronsäure, Kollagenhydrolysat und andere wichtige Stoffe bilden.

Eine gute Versorgung mit diesen Bausteinen ermöglicht eine reibungslose Funktion der Gelenke. Sind zu wenige Mikrostoffe in der Gelenkflüssigkeit vorhanden, nimmt die Elastizität des Knorpels ab und die Gefahr einer Gelenkverletzung steigt. Hier verrate ich Ihnen, welche Nährstoffe für Ihre Gelenke besonders gut sind.

Vitamine

Vitamin C: Es ist an der Bildung von Kollagen, der Grundsubstanz des Knorpels, beteiligt. So unterstützt er die Funktion von Knorpel und Knochen. Außerdem ist Vitamin C das wichtigste wasserlösliche Antioxidans in unserem Organismus.
Enthalten in: Paprika, Zitrusfrüchten, Kiwi

Vitamin K: Es ist notwendig für gesunde Knochen. Vitamin K und seine Bedeutung im Knochenstoffwechsel sind, im Vergleich zu Vitamin C, nur wenigen Menschen bekannt. Das Vitamin K2 ist für Skelett und Knochengerüst relevant, es unterstützt die Knochendichte und den Knochenumbau und senkt das Risiko von Hüftfrakturen sowie von Osteoporose.
Enthalten in: Grünkohl, Blumenkohl, Brokkoli

Vitamin D: Unser Körper ist in der Lage, Vitamin D selbst zu bilden – dafür ist jedoch die Bestrahlung der Haut mit Sonnenlicht notwendig. Ist man mit dem sogenannten Sonnenvitamin schlecht versorgt, führt das zur Verkalkung des Knorpels und damit zu einem erhöhten Knorpelverschleiß. Etwa die Hälfte der Erwachsenen ist in Deutschland schlecht mit Vitamin D versorgt.
Enthalten in: Eigelb, fetthaltigem Fisch

Vitamin-B-Komplex: Er besteht aus Vitamin B1, Vitamin B2, Niacin (B3), Pantothensäure (B5), Vitamin B6, Biotin (B7), Folsäure (B9) und B12. Sie sind alle wasserlöslich und werden in jeder Körperzelle benötigt. Unser Körper kann keinen lang anhaltenden Speicher an diesen Vitaminen anlegen. Sie müssen daher regelmäßig mit der Nahrung zugeführt werden. Bei einer Überdosierung werden sie mit dem Urin ausgeschieden. Die Funktionen der B-Vitamine im Körper hängen so eng zusammen, dass selten ein Mangel nur eines Vitamins dieser Gruppe auftritt.

Vitamin B1: Es ist unter anderem erforderlich für die Funktionsfähigkeit des Nervensystems. Der tägliche Bedarf hängt von der Zusammensetzung der Nahrung ab. Es wird vermutet, dass Kohlenhydrate und Alkohol ihn erhöhen.
Enthalten in: Hefeflocken, Vollkorngetreide, Kartoffeln

Vitamin B2: Es kurbelt die Energiestoffwechsel über die Schilddrüse in allen Zellen an und sorgt für körperliche Fitness.
Enthalten in: Milch und Milchprodukten, Vollkorngetreide, Fleisch und Fisch

Niacin: B3 wird eine entzündungshemmende Wirkung zugesprochen. Es hilft, Arthritis-Symptome zu verringern und die Festigkeit der Gelenkknorpel zu erhöhen.
Enthalten in: Fisch, magerem Fleisch, Pilzen und besonders reich in Erdnüssen

Pantothensäure: B5 ist ein Bestandteil von Coenzym A (CoA). Dieses Enzym ist für die chemischen Reaktionen zur Energiegewinnung aus der Nahrung verantwortlich. Durch seine zentrale Rolle im Stoffwechsel ist es unter anderem am Umbau von Fetten, Steroidhormonen sowie des Neurotransmitters Acetylcholin beteiligt. Der Umbau dieser drei Stoffgruppen ist die Basis für einen gut funktionierenden Gelenkstoffwechsel.
Enthalten in: Haferflocken, Vollgetreide, Haselnüssen, Cashewnüssen, Pilzen

Vitamin B6: B6 umfasst die chemischen Verbindungen Pyridoxin, Pyridoxal und Pyridoxamin. Zusammen sind die Moleküle an über hundert Reaktionen im Körper beteiligt. Sie sind z. B. wichtig für den Stoffwechsel von Proteinen, aber auch für die Produktion von Neurotransmittern.
Enthalten in: Muskelfleisch, Fisch, Kartoffeln, Nüssen

Biotin: B7 gilt als das Schönheitsvitamin für Haut und Haar. Auch unsere Gelenke sind von hautartigen Strukturen in Form von Gelenkkapseln umgeben, daher hält es auch diese geschmeidig. Ein Biotinmangel ist zwar sehr selten, doch schwören viele Menschen darauf, dass es ihnen mit hochdosiertem Biotin besser geht.
Enthalten in: Milch, Haferflocken, Nüssen, Hülsenfrüchten, gekochten Eiern

Folsäure: B9 zählt zu den sogenannten kritischen Vitaminen. Zusammen mit Vitamin B12 findet man bei uns einen Mangel bzw. eine suboptimale Versorgung sehr häufig. Folsäure hat eine zentrale Funktion bei der Zellteilung in unserem Körper: Damit sich neues Knorpelgewebe bilden kann, braucht es Folsäure.
Enthalten in: grünen Pflanzen wie Spinat, Mangold, Brokkoli

Vitamin B12: Unser Organismus benötigt es für viele wichtige Stoffwechselvorgänge. Es trägt insbesondere zu einer normalen Funktion des Nervensystems, der Blutbildung und der Energiegewinnung der einzelnen Zellen bei. Eine schlechte Versorgung mit Vitamin B12 schadet dem Gelenkstoffwechsel.
Enthalten in: tierischen Produkten, insbesondere Muskelfleisch, Eiern, Milch, Milchprodukten

Nahrungsergänzungsmittel – sinnvoll oder nicht?

Da das Gelenk über die Knorpelflüssigkeit und nicht direkt über das Blut mit Nährstoffen versorgt wird, bin ich der Ansicht, dass hoch dosierte Nahrungsergänzungsmittel in der Regel besser auf den Heilungsprozess wirken. Auf allen Verpackungen können Sie nachlesen, wie viel Prozent Vitamine oder Mineralstoffe vom täglichen Bedarf in einer Tablette oder Kapsel enthalten sind. Meine Faustregel für den Einsatz von Vitaminen, Spurenelementen oder Mineralstoffen: Nehmen Sie über einen Zeitraum von einem Monat die dreifache Menge täglich ein. Zeigt sich kein Erfolg, dann funktioniert dieser Wirkstoff bei Ihnen mit hoher Wahrscheinlichkeit nicht. Ich empfehle dann, das Produkt abzusetzen und eventuell etwas anderes zu probieren.

Mineralstoffe

Kalzium ist mengenmäßig am meisten im Knochen vorhanden. Eine hohe Kalziumaufnahme bei gleichzeitig hoher Phosphatversorgung schadet den Gelenken und kann zur Pseudo-Gicht (siehe S. 16) führen. Cola-Getränke und Schmelzkäse sowie Fast Food sollten daher tabu sein. Kalzium zusammen mit Vitamin D3 kann den Gelenkschmerz lindern.

Enthalten in: Milch und Milchprodukten, Sesam, Brokkoli, kalziumreichen Mineralwassern (> 150 mg/1 l)

Magnesium spielt für die Funktion von Muskel- und Nervenzellen eine wichtige Rolle. Wadenkrämpfe können auf einen Magnesiummangel der Muskulatur hinweisen. Da das Gelenk in der Regel aufgrund der direkten Blutzufuhr schlechter mit Magnesium versorgt ist, sollten Sie auf eine gute Magnesiumversorgung achten.

Enthalten in: Nüssen, Haferflocken, Vollkornprodukten

Spurenelemente

Zink spielt eine elementare Rolle beim Eiweißstoffwechsel und in der Zellteilung. Auch beim Knorpelaufbau wird Zink benötigt.

Enthalten in: eiweißhaltigen Lebensmitteln wie Fleisch, Cashewnüssen, Paranüssen

Selen hat in einer Studie an der University of North Carolina gezeigt, dass es das Arthroserisiko senken kann, es kann bei Überdosierung jedoch zu schweren Nebenwirkungen kommen. Halten Sie daher Rücksprache mit Ihrer Ärztin oder Ihrem Arzt.

Enthalten in: Fisch, Muskelfleisch, Hülsenfrüchten, Vollkorngetreide

Silizium kann eine knorpelstabilisierende Wirkung haben. Kieselsäure enthält Silizium. Wenn Sie Brotesser sind und wenig Haferflocken essen und Hirse und Vollkornreis selten oder gar nicht, können Sie auf Kieselsäure als Nahrungsergänzungsmittel zurückgreifen.
Enthalten in: Haferflocken, Hirse, Vollkornreis, Kräutertees wie Schachtelhalm- oder Brennnesseltee

Fettsäuren

Omega-3-Fettsäure Alpha-Linolensäure wirkt hemmend auf Entzündungsprozesse in Gelenken sowie im ganzen Körper.
Enthalten in: Leinsamen, Leinöl, Walnüssen, Walnussöl, Rapsöl

Omega-3-Fettsäuren DHA und EPA sind nur in fettem Fisch enthalten. In Form von Nahrungsergänzungsmitteln erhalten Sie Fischöl oder Algenöl auch als Kapseln. Achten Sie darauf, dass das Trägeröl Olivenöl und nicht Sonnenblumenöl ist. Um die Fettsäure vor einer ungewollten Oxidation zu schützen, sollten diese Öle Vitamin E, Vitamin A oder Beta-Carotin als Schutzstoffe vor Oxidation enthalten.
Enthalten in: Lachs, Hering, Sprotten

Sekundäre Pflanzenstoffe

Catechine haben starke antioxidative Fähigkeiten gegenüber freien Radikalen und damit einen entzündungshemmenden Effekt. Sie wirken etwa 100-mal stärker als das bekannte Antioxidans Vitamin C und 25-mal stärker als Vitamin E. Catechine werden vor allem aus dem grünen Tee aufgenommen. Grüner Tee enthält deutlich mehr Catechine als schwarzer Tee.
Enthalten in: grünem Tee, Kakaopulver, dunkler Schokolade, Brombeeren

Allicin enthält eine schwefelhaltige Verbindung und wirkt wie ein natürliches Antibiotikum.
Enthalten in: Knoblauch, Zwiebel, Lauch

Flavonoide wirken auf den Arachidonsäurestoffwechsel und zudem antibakteriell.
Enthalten in: Paprika, Kürbis, Aprikosen

Senföle wirken sich positiv auf Signalwege aus, die an Entzündungsprozessen beteiligt sind, und unterstützen so das Abklingen von Schmerzen und Entzündungen.
Enthalten in: Radieschen, Blumenkohl, Wirsing

Anthocyane haben einen positiven Einfluss auf Entzündungsprozesse im Körper.
Enthalten in: Blaubeeren, dunklen Weintrauben, Radicchio

Carotinoide schützen den Köper vor oxidativen Stress und verhindern somit das Entzündungsgeschehen.
Enthalten in: Möhren, Orangen, Paprika

Lycopin gilt als starker Radikalfänger und kann somit Entzündungen verhindern.
Enthalten in: Tomaten, Hagebutten, Grapefruit

Methionin, eine essenzielle Aminosäure, kann dazu beitragen, dass Schwefel, ein Element beim Aufbau von Knorpel, in ausreichender Menge zur Verfügung steht.
Enthalten in: Paranüssen, Sesam, Sojaflocken

Cystein hält den Knorpel elastisch und verbessert seine passive Versorgung mit Nährstoffen, außerdem unterstützt die Aminosäure die Bildung von Gelenkschmiere.
Enthalten in: Vollkornbrot, Hirse, Linsen

Lysin sorgt für die Vernetzung der Kollagenfasern und gewährleistet somit die Festigkeit und Stabilität des Knorpels.
Enthalten in: Bohnen, Tofu, Erdnüssen

Galaktolipide sind in Hagebuttenpulver enthalten. Wenn Sie täglich fünf Gramm Hagebuttenpulver ins Müsli oder Joghurt geben, tragen Sie Studien zufolge dazu bei, den Knorpelabbau zu hemmen.
Enthalten in: Hagebuttenpulver

REZEPTE, DIE DEN GELENKEN GUTTUN

Mit der richtigen Ernährung können Sie eine Menge für die Gesundheit Ihrer Gelenke tun. Bei den folgenden Rezepten für alle Gelegenheiten ist auch für Sie das Passende dabei. Auch Süßes kommt nicht zu kurz. Genießen Sie die Vielfalt an Speisen und Gewürzen und probieren Sie Neues aus. Viel Spaß beim Zubereiten!

MÜSLIS, BOWLS UND PORRIDGES

Basismüsli mit Himbeeren

Reich an Omega-3-Fettsäuren

Zubereitungszeit: 10 Minuten
Eine Portion enthält: 325 kcal (1365 kJ), 14 g E, 21 g F, 19 g KH

Zutaten für 1 Portion

1 TL Sonnenblumenkerne
1 TL Sesam
1 EL gehackte Mandeln
1 EL geschrotete Leinsamen
1 EL großblättrige Haferflocken
150 g Naturjoghurt, 1,5 % Fett
1 TL Leinöl
50 g Himbeeren (frisch oder TK)

Zubereitung

1 Sonnenblumenkerne, Sesam und Mandeln bei mittlerer Hitze ohne Fett in der Pfanne rösten, bis sie duften und leicht bräunen.

2 Alle trockenen Zutaten mischen und in ein Schälchen geben. Joghurt und Öl untermengen und zum Schluss die Himbeeren unterheben.

INFO Dass Haferflocken gesund sind, ist allen bekannt. In großen Teilen Europas stehen sie schon lange auf dem Speiseplan. Als heimisches Superfood sind sie wieder im Rennen, denn sie zählen zu den gesündesten Lebensmitteln überhaupt. Sie sind glutenfrei und enthalten viele wichtige Vitamine, Mineralstoffe, Ballaststoffe und Antioxidantien. Sie halten lange satt und sind ideal zum Frühstück.

Haferflocken mit Möhre und Apfel

Reich an Polyphenolen

+ Pflanzenheilkraft

Zubereitungszeit: 15 Minuten
Eine Portion enthält: 580 kcal (2425 kJ), 16 g E, 20 g F, 75 g KH

Zutaten für 1 Portion

1 kleiner Apfel
1 große Möhre
etwas Zitronensaft
5 EL kernige Haferflocken
150 g Naturjoghurt, 1,5 % Fett
1 Msp. Muskatpulver
1 Msp. Zimt
Cayennepfeffer

Zubereitung

1 Den Apfel waschen, vierteln, entkernen und mit der Schale raspeln, die Möhre schälen und raspeln. Einen Spritzer Zitronensaft zufügen.

2 Die Rohkost mit Haferflocken, Joghurt, Leinöl und den Gewürzen vermengen.

Knuspermüsli mit Papaya

Reich an Ballaststoffen

+ Pflanzenheilkraft

Zubereitungszeit: 15 Minuten
Eine Portion enthält: 535 kcal (2240 kJ), 14 g E, 37 g F, 35 g KH

Zutaten für 1 Portion

1 EL gehackte Mandeln
1 EL Kokosraspeln
1 EL Sonnenblumenkerne
1 TL natives Kokosöl
1 Msp. Muskatpulver
1 TL Honig (nach Belieben)
2 EL Dinkelflocken
½ Papaya
150 g Naturjoghurt, 1,5 % Fett
1 TL Limettensaft

Zubereitung

1 Die Mandeln mit Kokosraspeln und Sonnenblumenkernen mischen. Das Kokosöl in einer beschichteten Pfanne zerlassen und den Kernemix darin bei mittlerer Hitze unter Wenden etwa 5 Minuten goldbraun anrösten. Nach Belieben mit einer Prise Muskat würzen und zusätzlich 1 TL flüssigen Honig darüberträufeln, dann die Dinkelflocken unterrühren. Die Mischung aus der Pfanne nehmen und auf einem Teller abkühlen lassen.

2 Das Fruchtfleisch aus der Papaya lösen und würfeln. Joghurt mit Limettensaft verrühren und in eine Schale geben. Das Knuspermüsli auf den Joghurt streuen und die Papayawürfel darauf verteilen. Sofort servieren.

Warme Chai-Schoko-Bowl

Reich an Omega-3-Fsäuren

+ Pflanzenheilkraft

Zubereitungszeit: 30 Minuten
Backzeit: 15–20 Minuten
Eine Portion enthält: 540 kcal (2260 kJ), 13 g E, 20 g F, 77 g KH

Zutaten für 1 Portion

50 g Quinoa
1 Beutel Chai-Tee
1 Prise Chilipulver
1 EL brauner Zucker
1 Banane
2 EL Hirseflocken
1 TL Kakaopulver
¼ TL Backpulver
50 ml Mandeldrink
1 EL Haselnusskerne
1 TL Kakaonibs
1 TL Leinöl

Zubereitung

1 Die Quinoa in einem Sieb unter fließendem Wasser waschen, mit Chai-Tee und Chilipulver in 125 ml Wasser aufkochen und 15 Minuten garen. Nach 5 Minuten den Teebeutel entfernen, Zucker einrühren und zu Ende garen. Die Quinoa 10 Minuten ziehen lassen. Den Backofen auf 180 °C Ober- und Unterhitze vorheizen.

2 Inzwischen die Hälfte der Banane mit einer Gabel zerdrücken. Hirseflocken, Kakao sowie Backpulver mischen. Zusammen mit gekochter Quinoa, zerdrückter Banane und Mandelmilch verrühren. Die Masse in eine feuerfeste Bowl (0,25 l) geben und glatt streichen. Im Ofen 15–20 Minuten backen.

3 Die Haselnüsse grob hacken, für die letzten 5 Backminuten auf der Masse verteilen und mitbacken. Die andere Hälfte der Banane längs und eventuell je nach Größe auch quer halbieren. Die Bowl aus dem Ofen nehmen, mit Bananenscheiben belegen, mit Kakaonibs bestreuen und Leinöl darüberträufeln.

Gratinierte Grapefruit mit Haferflocken-Crunch

Reich an Ballaststoffen

+ Pflanzenheilkraft

Zubereitungszeit: 15 Minuten
Backzeit: 10 Minuten
Eine Portion enthält: 340 kcal (1430 kJ), 5 g E, 7 g F, 59 g KH

Zutaten für 1 Portion

1 TL Butter
2 EL großblättrige Haferflocken
2 EL Honig
1 Msp. Kurkumapulver
1 Grapefruit
2 EL brauner Zucker
4 EL Naturjoghurt, 3,5 % Fett

Zubereitung

1 Ein Stück Alufolie dünn mit Butter bestreichen. Haferflocken und 2 EL Honig in einer beschichteten Pfanne karamellisieren. Die restliche Butter und Kurkuma zufügen, kurz unterrühren und den Haferflocken-Crunch auf der Alufolie verteilen. Auskühlen lassen.

2 Die Grapefruit quer halbieren. Die einzelnen Segmente mit einem spitzen Messer von den Trennhäuten und der Schale lösen, dabei in der Schale lassen.

3 Ein Backblech mit Alufolie auslegen, die Grapefruithälften darauflegen und jede Hälfte mit 1 EL braunem Zucker bestreuen. Unter dem vorgeheizten Grill 10 Minuten gratinieren.

4 Die fertigen Grapefruithälften mit 2 EL Joghurt und Haferflocken-Crunch anrichten.

Schnelle Smoothie-Bowl

Reich an Omega-3-Fsäuren

Zubereitungszeit: 15 Minuten
Antauzeit: 5 Minuten
Eine Portion enthält: 610 kcal (2560 kJ), 14 g E, 39 g F, 49 g KH

Zutaten für 1 Portion

150 g TK-Beerenmischung
2 EL Walnusskerne
2 EL Kokoschips
½ Banane
100 g Naturjoghurt, 1,5 % Fett
1 EL Honig
1 EL Leinöl
2 EL großblättrige Haferflocken
1 TL geschrotete Leinsamen

Zubereitung

1 Die tiefgefrorene Beerenmischung antauen lassen (besonders schnell geht das in der Mikrowelle). Währenddessen die Walnusskerne grob hacken.

2 Die Kokoschips in einer Pfanne ohne Fett rösten, sofort herausnehmen und auskühlen lassen.

3 Die Banane schälen und zusammen mit den Beeren, Joghurt, Honig und Leinöl in einem Standmixer pürieren. Den Smoothie in eine Schüssel geben und mit Haferflocken, Leinsamen, gerösteten Kokoschips und Walnüssen bestreuen.

Porridge mit Banane und Granatapfel

Reich an Ballaststoffen

Zubereitungszeit: 15 Minuten
Eine Portion enthält: 350 kcal (1450 kJ), 14 g E, 8 g F, 54 g KH

Zutaten für 1 Portion

200 ml Milch, 1,5 % Fett
4 EL zarte Haferflocken
1 TL brauner Zucker
1 TL Leinöl
½ Banane
4 EL Granatapfelkerne
1 TL geschrotete Leinsamen

Zubereitung

1 Milch, Haferflocken und Zucker unter Rühren aufkochen und 5 Minuten bei mittlerer Hitze köcheln lassen, bis ein dicker Brei entsteht. Das Leinöl unterrühren.

2 Die halbe Banane in Scheiben schneiden und unter den Haferbrei rühren. Den Porridge in eine Schüssel füllen und mit Granatapfelkernen und Leinsamen bestreuen.

Hirse-Porridge mit Feigen

Reich an Ballaststoffen

Zubereitungszeit: 15 Minuten
Eine Portion enthält: 380 kcal (1595 kJ), 7 g E,19 g F, 47 g KH

Zutaten für 1 Portion

4 EL Hirse
125 ml Mandeldrink
1 TL Honig
¼ TL Zimt
1 TL Leinöl
2 große Feigen
1 EL geschrotete Leinsamen

Zubereitung

1 Die Hirse unter heißem Wasser abspülen. Mit Mandeldrink, Honig und Zimt in einem Topf zum Kochen bringen und auf kleinster Stufe 5–7 Minuten zugedeckt leicht köcheln lassen. Den Porridge 10 Minuten ausquellen lassen, Leinöl unterrühren.

2 Die Feigen waschen und in Spalten schneiden. Den Porridge in Schüsseln verteilen, die Feigen darauf verteilen und mit Leinsamen bestreuen.

SUPERFOOD HIRSE Hirse erlebt gerade ein Comeback, und das aus guten Grund: In Punkto Inhaltsstoffe und Mineralstoffe kann sie mit den trendigen Pseudogetreiden Amaranth oder Quinoa durchaus mithalten. Für alle, die auf Fleisch verzichten, ist HIrse eine gute pflanziche Eiweißquelle.

Unter den Getreidearten hat Hirse einen der höchsten Fettgehalte. Drei Viertel der darin enthaltenen Fettsäuren sind ungesättigt, unserer Gesundheit also zuträglich.

BROT UND BRÖTCHEN

Roggenbrötchen

Reich an Ballaststoffen

Zubereitungszeit: 15 Minuten
Ruhezeit: 40 Minuten
Backzeit: 20 Minuten
Ein Brötchen enthält: 110 kcal (460 kJ), 3 g E, 1 g F, 22 g KH

Zutaten für 12 Brötchen

180 g Roggenmehl, Type 1150
200 g Dinkelvollkornmehl
2 EL Haferkleie
1 Pck. Trockenhefe
1 TL brauner Zucker
1 TL Salz
½ TL Brotgewürz oder Schabzigerklee
1 TL gestoßener Kümmel

Außerdem
Backpapier

Zubereitung

1 Roggenmehl, Dinkelvollkornmehl und Haferkleie vermengen und in die Mitte eine Mulde drücken. Die Hefe und den Zucker in die Mulde geben. Salz, Brotgewürz und Kümmel am Rand und 300 ml lauwarmes Wasser hinzufügen. Die Zutaten zu einem geschmeidigen Teig verkneten. So lange kneten, bis der Teig eine Kugel bildet.

2 Den Hefeteig an einem warmen Ort gehen lassen, bis er sein Volumen verdoppelt hat (ca. 20 Minuten). Den Backofen auf 180 °C Ober- und Unterhitze vorheizen.

3 Den Teig nochmals kneten, in zwölf gleich große Stücke teilen und diese zu Brötchen formen. Die Brötchen auf ein mit Backpapier ausgelegtes Backblech legen, erneut 20 Minuten gehen lassen. Dann auf mittlerer Schiene in den Backofen geben und etwa 20 Minuten backen. Auf einem Rost auskühlen lassen.

Müslibrötchen

Reich an Pro- und Präbiotika

Zubereitungszeit: 15 Minuten
Ruhezeit: 40 Minuten
Backzeit: 20 Minuten
Ein Brötchen enthält: 125 kcal (525 kJ), 4 g E, 1 g F, 23 g KH

Zutaten für 12 Brötchen

150 g Naturjoghurt, 3,5 % Fett
350 g Dinkelmehl, Type 1150
150 g Basismüsli
1 Pck. Trockenhefe
1 TL Salz
1 TL brauner Zucker
2 EL großblättrige Haferflocken

Außerdem

Backpapier

Zubereitung

1 Alle Zutaten mit 200 ml lauwarmem Wasser in eine Schüssel geben und gut zu einer Teigkugel verkneten. Anschließen an einen warmen Ort gehen lassen, bis sich der Teig sichtbar vergrößert hat (ca. 20 Minuten).

2 Ein Backblech mit Backpapier belegen. Den Backofen auf 180 °C Ober- und Unterhitze vorheizen.

3 Den Teig erneut durchkneten und in zwölf gleich große Stücke teilen. Die Teigstücke zu Brötchen formen, mit etwas Wasser bestreichen, in den Haferflocken wälzen und auf das Backblech legen. Die Brötchen noch einmal 20 Minuten gehen lassen und dann auf mittlerer Schiene 20 Minuten backen und auf einem Rost auskühlen lassen.

TYPENZAHL Auf einer Mehlverpackung sind Zahlen wie 405, 630 oder 1050 zu finden. Die Zahl gibt an, wie stark das Mehl gemahlen wurde und wie viele Mineralien und Ballaststoffe im Mehl stecken. Je höher die Typenzahl, desto mehr Mineral- und Ballaststoffe enthält es. Übrigens: Vollkornmehl enthält keine Typenzahl.

Buttermilchbrot

Reich an Prä- und Probiotika

Zubereitungszeit: 20 Minuten
Ruhezeit: 60 Minuten
Backzeit: 40 Minuten
Eine Scheibe enthält: 100 kcal (420 kJ), 4 g E, 2 g F, 18 g KH

Zutaten für 18 Scheiben

200 g Dinkelmehl, Type 630
200 g Dinkelmehl, Type 1050
100 g kernige Haferflocken
1 Pck. Trockenhefe
1 EL brauner Zucker
350 ml Buttermilch
1 TL Salz
1 EL Haferflocken

Außerdem

1 Brotbackform (30 cm)

Zubereitung

1 Dinkelmehle und Haferflocken mischen. Die Hefe und den Zucker dazugeben. Die Buttermilch leicht erwärmen und zusammen mit dem Salz am Rand hinzufügen, die Zutaten zu einem geschmeidigen Teig verkneten. So lange kneten, bis der Teig eine Kugel bildet.

2 Den Hefeteig an einem warmen Ort gehen lassen, bis er sein Volumen verdoppelt hat (ca. 20 Minuten). Nochmals durchkneten, zu einem länglichen Brotlaib formen und in eine Brotbackform geben. Erneut 20 Minuten gehen lassen.

3 Den Backofen auf 200 °C Ober- und Unterhitze vorheizen und eine feuerfeste, kleine Form mit etwas Wasser auf den Boden des Backofens stellen. Die Oberfläche des Brotteigs mehrmals tief einritzen. Mit etwas Wasser bestreichen und mit Haferflocken bestreuen.

4 Das Brot auf mittlerer Schiene etwa 40 Minuten backen und auf einem Rost auskühlen lassen.

BACKTIPP Bevor Sie das Brot aus dem Backofen nehmen, machen Sie eine Garprobe. Klopfen Sie gegen den Brotlaib. Klingt er hohl, dann ist das Brot gar.

Low-Carb-Brot mit Kürbiskernen

Reich an Omega-3-Fettsäuren

Zubereitungszeit: 10 Minuten
Ruhezeit: 10 Minuten
Backzeit: 40 Minuten
Eine Scheibe enthält: 130 kcal (530 kJ), 12 g E, 5 g F, 9 g KH

Zutaten für 10 Scheiben

5 EL Kürbiskerne
5 EL geschrotete Leinsamen
5 EL kleinblättrige Haferflocken
50 g neutrales Eiweißpulver (z. B. erhältlich in Drogeriemärkten)
1 TL Backpulver
1 TL Salz
250 g Magerquark
2 Eier

Zubereitung

1 Den Ofen auf 200 °C Ober- und Unterhitze vorheizen.

2 Die Kürbiskerne grob hacken. Die trockenen Zutaten vermengen, den Quark und die Eier dazugeben und zu einem Teig kneten. 10 Minuten ruhen lassen.

3 Einen Brotlaib formen und im vorgeheizten Backofen 40 Minuten backen.

LOW-CARB-INFO Low-Carb-Brot sieht aus wie ein „normales" Brot, enthält aber deutlich weniger Kohlenhydrate, dafür mehr Eiweiß und Fett.

Low-Carb-Nussbrot

Reich an Omega-3-Fettsäuren

Zubereitungszeit: 10 Minuten
Ruhezeit: 15 Minuten
Backzeit: 50 Minuten
Eine Scheibe enthält: 140 kcal (580 kJ), 8 g E, 10 g F, 3 g KH

Zutaten für 10 Scheiben

3 Eier
250 g Magerquark
5 EL Leinsamenmehl
4 EL gemahlene Flohsamenschalen
5 EL geröstete und gehackte Haselnüsse
3 EL Walnussmehl
2 EL gehackte Kürbiskerne
1 Pck. Backpulver
1 TL Salz
2 EL Chiasamen

Außerdem
Backpapier

Zubereitung

1 Die Eier verquirlen und mit Quark und 4 EL Wasser glatt rühren. Alle restlichen Zutaten dazugeben und verkneten, bis ein homogener Teig entsteht. Den Teig 15 Minuten ruhen lassen. Den Backofen auf 200 °C Ober- und Unterhitze vorheizen.

2 Den Teig zu einem länglichen Laib formen und an der Oberfläche mit einem Messer mehrfach schräg einschneiden. Auf ein mit Backpapier belegtes Blech legen und auf mittlerer Schiene 50 Minuten backen. Vor dem Anschneiden komplett abkühlen lassen.

Sonnenblumenbrot

Reich an Ballaststoffen

Zubereitungszeit: 10 Minuten
Ruhezeit: 120 Minuten
Backzeit: 40 Minuten
Eine Scheibe enthält: 100 kcal (420 kJ), 4 g E, 2 g F, 18 g KH

Zutaten für 18 Scheiben

250 g Dinkelmehl, Type 1050
200 g Roggenmehl, Type 1150
1 TL brauner Zucker
1 TL Salz
1 Pck. Trockenhefe
3 EL Rapsöl
150 g Sonnenblumenkerne

Außerdem

1 Kastenform (30 cm lang)

Zubereitung

1 Mehle mit Zucker, Salz und Trockenhefe in einer Schüssel mischen. 250 ml lauwarmes Wasser und Öl dazugeben und alles zu einem glatten Teig kneten. Die Hälfte der Sonnenblumenkerne unterkneten. Zugedeckt etwa 60 Minuten gehen lassen.

2 Die Kastenform einfetten. Den Teig auf einer leicht bemehlten Arbeitsfläche durchkneten und zu einem etwa 30 cm langen Strang formen. Üppig mit Wasser bestreichen, in den restlichen Sonnenblumenkernen wälzen und in die gefettete Form legen. Zugedeckt erneut 60 Minuten ruhen lassen.

3 Den Backofen auf 200 °C Ober- und Unterhitze vorheizen und das Brot etwa 40 Minuten fertig backen. Vollständig erkalten lassen und aus der Form lösen.

VARIANTE Anstelle von Sonnenblumen können Sie die gleiche Menge Kürbiskerne nehmen. Diese zerhacke ich grob im Blitzhacker, bevor ich sie zum Teig gebe.

Dinkel-Focaccia

Entzündungsreduzierend

+ Pflanzenheilkraft

Zubereitungszeit: 30 Minuten
Ruhezeit: 90 Minuten
Backzeit: 20–25 Minuten
Ein Stück enthält: 230 kcal (950 kJ), 5 g E, 10 g F, 29 g KH

Zutaten für 12 Stücke

300 g Dinkelmehl, Type 630
200 g feinblättrige Haferflocken
1 TL brauner Zucker
1 TL Salz
1 Pck. Trockenhefe
100 ml Olivenöl
11 Kirschtomaten
1 EL Dinkelgrieß
1 TL Rosmarin
1 TL Thymian
1 TL Basilikum

Außerdem
Backpapier

Zubereitung

1 Mehl und Haferflocken mit Zucker, Salz und Trockenhefe in einer Schüssel mischen. 250 ml lauwarmes Wasser und 5 EL Öl dazugeben und alles gut zu einem glatten Teig kneten. Zugedeckt etwa 60 Minuten gehen lassen.

2 Die Kirschtomaten halbieren. Ein Backblech mit Backpapier auslegen und 1 EL Dinkelgrieß auf dem Backblech verstreuen. Den Teig auf das vorbereitete Backblech geben und mit den Händen von innen nach außen zu einem runden Fladenbrot flachdrücken.

3 In das Fladenbrot mit den Fingern Dellen eindrücken, sodass auf der gesamten Oberfläche kleine Vertiefungen entstehen. Die halbierten Kirschtomaten auf der Focaccia verteilen und dabei etwas andrücken. Das restliche Olivenöl mit den Kräutern vermischen und auf den Teig verteilen.

4 Anschließend mit einem Küchentuch bedecken und nochmals 30 Minuten gehen lassen. Währenddessen den Backofen auf 200 °C Ober- und Unterhitze vorheizen und die Focaccia in 20–25 Minuten backen.

Kürbis-Knäckebrot

Entzündungsreduzierend

+ Pflanzenheilkraft

Zubereitungszeit: 15 Minuten
Ruhezeit: 60 Minuten
Backzeit: 45–60 Minuten
Eine Scheibe enthält: 90 kcal (370 kJ), 3 g E, 5 g F, 8 g KH

Zutaten für 16 Scheiben

100 g Roggenmehl, Type 1150
100 g feine Haferflocken
60 g Sesam
80 g gehackte Kürbiskerne
1 TL Salz
1 TL gemahlener Koriander
3 EL Rapsöl

Außerdem

Backpapier

Zubereitung

1 Mehl, Haferflocken, Sesam und Kürbiskerne sowie Salz und Koriander in eine Rührschüssel geben. Öl und 300 ml kaltes Wasser hinzugeben und vermischen. 1 Stunde kalt stellen und quellen lassen.

2 Den Ofen auf 200 °C Ober- und Unterhitze vorheizen. Die Masse dünn auf ein mit Backpapier ausgelegtes Blech streichen und etwa 15 Minuten backen. Aus dem Ofen nehmen und die „Sollbruchstellen" einschneiden. Den Backofen auf 175 °C reduzieren und je nach Dicke der Masse 30–45 Minuten fertig backen. Auseinanderbrechen und auskühlen lassen.

BACKTIPP Nicht bei Umluft backen, sondern mit Ober- und Unterhitze: Das Knäckebrot muss trocknen, damit es den richtigen Biss bekommt.

AUFSTRICHE UND DIPS

Forellendip

Reich an Omega-3-Fettsäuren

Zubereitungszeit: 20 Minuten
Eine Portion enthält: 210 kcal (870 kJ), 9 g E, 16 g F, 6 g KH

Zutaten für 4 Portionen

200 g geräuchertes Forellenfilet
100 g Crème fraîche
100 g Doppelrahmfrischkäse
1 Bund Dill
½ Zitrone
Cayennepfeffer
Salz
1 Prise brauner Zucker

Zubereitung

1 Von der Forelle die Haut entfernen und das Filet grob mit einer Gabel zerpflücken. Forelle, Crème fraîche und Frischkäse im Mixer pürieren.

2 Den Dill waschen, trocken tupfen, die Spitzen als Deko von den Stielen zupfen, den Rest fein hacken. Die halbe Zitrone auspressen. Gehackten Dill und Zitronensaft unterrühren. Mit Cayennepfeffer, Salz und Zucker abschmecken.

VARIANTE Auch geräucherte Makrele, Lachs oder Heilbutt passen wunderbar in diesen Dip.

Paprikadip

Reich an Vitamin C

Zubereitungszeit: 40 Minuten
Eine Portion enthält: 60 kcal (230 kJ), 1 g E, 3 g F, 6 g KH

Zutaten für 4 Portionen

2 rote Paprika
1 Schalotte
1 EL Olivenöl
1 TL Zitronensaft
½ TL Salz
1 Msp. Zitronenschale
½ TL Honig

Zubereitung

1 Die Paprika putzen, waschen und klein würfeln. Die Schalotte abziehen und in Streifen schneiden. Das Olivenöl erhitzen und beides in wenigen Minuten glasig anbraten. 125 ml Wasser hinzugeben und alles auf mittlerer Temperatur 30 Minuten garen, dabei immer wieder umrühren.

2 Das Gemüse pürieren und mit Zitronensaft, Salz, Zitronenschale und Honig abschmecken.

Pikanter Erdnussdip

Entzündungshemmend
+ Pflanzenheilkraft

Zubereitungszeit: 15 Minuten
Eine Portion enthält: 240 kcal (1020 kJ), 6 g E, 22 g F, 6 g KH

Zutaten für 4 Portionen

150 g Schmand
80 g Erdnusscreme
2 EL Leinöl
2 Frühlingszwiebeln
¼ TL Sambal Oelek
Salz
2 EL Zitronensaft

Zubereitung

Schmand, Erdnusscreme und Leinöl in einem Schälchen miteinander verrühren. Frühlingszwiebeln putzen, waschen, sehr fein schneiden und unter den Dip mengen. Mit Sambal Oelek, Salz und Zitronensaft würzen.

LOW-CARB-VARIANTE Der Erdnussdip schmeckt nicht nur gut auf Brot: Probieren Sie zur Abwechslung die kohlenhydratarme Variante und genießen Sie ihn mit Apfelspalten.

Gemüse-Frischkäse-Dip

Entzündungshemmend
+ Pflanzenheilkraft

Zubereitungszeit: 15 Minuten
Eine Portion enthält: 230 kcal (960 kJ), 5 g E, 22 g F, 4 g KH

Zutaten für 4 Portionen

175 g Doppelrahmfrischkäse
4 EL Milch, 1,5 % Fett
1 EL Leinöl
1 kleine Möhre
½ rote Paprika
2 EL glatte Petersilie
Salz, schwarzer Pfeffer
1 Msp gemahlener Koriander
etwas Zitronensaft
einige Spritzer Tabasco

Zubereitung

1 Den Frischkäse in eine Schüssel geben und mit der Milch und dem Leinöl glatt rühren. Die Möhre schälen und fein reiben, die Paprika putzen, entkernen und sehr fein würfeln.

2 Die Blätter der Petersilie abzupfen und fein hacken, unter Möhre und Paprika mischen. Mit Salz, Pfeffer, Koriander, Zitronensaft und Tabasco abschmecken.

Avocadodip

Entzündungshemmend
+ Pflanzenheilkraft

Zubereitungszeit: 15 Minuten
Ziehzeit: 60 Minuten
Eine Portion enthält: 190 kcal (800 kJ), 2 g E, 18 g F, 6 g KH

Zutaten für 4 Portionen

2 reife Avocados
1 Knoblauchzehe
4 Zweige glatte Petersilie
2 EL Naturjoghurt, 3,5 % Fett
2 EL Leinöl
Saft einer Limette
Salz, weißer Pfeffer
1 Msp Chilipulver

Zubereitung

1 Die Avocados in der Mitte aufschneiden, den Kern herauslösen und die Schale vom Fruchtfleisch entfernen.

2 Knoblauch abziehen und grob hacken, Petersilie waschen, trocken tupfen und die Blättchen von den Stielen zupfen. Zusammen mit der Avocado mit einem Pürierstab pürieren, Joghurt und Leinöl unterrühren und sofort mit dem Limettensaft beträufeln, um das Braunwerden zu verhindern.

3 Mit Salz, Pfeffer und Chili abschmecken und abgedeckt etwa 1 Stunde kalt stellen.

Spinat-Linsen-Dip

Reich an Polyphenolen

Zubereitungszeit: 25 Minuten
Eine Portion enthält: 260 kcal (1090 kJ), 13 g E, 14 g F, 20 g KH

Zutaten für 4 Portionen

150 g rote Linsen
1 TL Gemüsebrühe
50 g Cashewkerne
100 g Spinat
1 Knoblauchzehe
1 cm frischer Ingwer
2 EL Olivenöl
1 EL Leinöl
½ Zitrone
Salz
1 TL Curry
Cayennepfeffer

Zubereitung

1 Die Linsen in ein Sieb geben, waschen und nach Packungsanleitung in ausreichend Wasser mit Gemüsebrühe gar kochen.

2 Die Cashewkerne in eine kleine Schale geben und mit heißem Wasser bedecken. 15 Minuten einweichen lassen.

3 Den Spinat waschen und trocken schleudern. Knoblauch abziehen und fein hacken, Ingwer schälen und fein hacken.

4 Olivenöl in einer beschichteten Pfanne erhitzen. Knoblauch und Curry darin anschwitzen. Die Cashewkerne abgießen und mit dem Spinat garen, bis er zusammengefallen ist.

5 Alles zusammen mit dem Leinöl in ein hohes Gefäß geben, die halbe Zitrone auspressen und dazugeben. Mit einem Pürierstab zu einer feinen Paste pürieren. Mit Salz, Curry und Cayennepfeffer abschmecken.

Exotischer Curry-Dattel-Dip

Entzündungshemmend

+ Pflanzenheilkraft

Zubereitungszeit: 15 Minuten
Eine Portion enthält: 320 kcal (1330 kJ), 7 g E, 24 g F, 19 g KH

Zutaten für 4 Portionen

80 g entsteinte Softdatteln
1 Knoblauchzehe
200 g Doppelrahmfrischkäse
100 ml saure Sahne
1 EL Leinöl
2–3 EL Madras-Curry

Zubereitung

1 Datteln grob hacken, Knoblauch abziehen und fein hacken. Zusammen mit Frischkäse, Sahne, Leinöl und Curry in einen Mixer geben und zu einer cremigen Paste rühren.

2 Die Paste in eine Schüssel geben und mit etwas Curry bestreuen.

Veganer Kräuterquark

Reich an Omega-3-Fettsäuren

Zubereitungszeit: 15 Minuten
Eine Portion enthält: 100 kcal (420 kJ), 14 g E, 3 g F, 3 g KH

Zutaten für 4 Portionen

3 Frühlingszwiebeln
½ Bund Schnittlauch
½ Bund Petersilie
½ Zitrone
400 g Sojaquark
4 EL Haferdrink
1 EL Leinöl
Salz
schwarzer Pfeffer

Zubereitung

1 Die Frühlingszwiebeln waschen, die Enden abschneiden und in sehr feine Röllchen schneiden. Schnittlauch und Petersilie waschen, trocken tupfen und fein hacken. Die halbe Zitrone auspressen.

2 Sojaquark, Haferdrink, Zitronensaft und Leinöl glatt rühren. Frühlingszwiebeln, Schnittlauch und Petersilie unterrühren. Mit Salz und Pfeffer abschmecken.

Warmer Paprika-Feta-Dip

Entzündungshemmend

+ Pflanzenheilkraft

Zubereitungszeit: 25 Minuten
Backzeit: 35 Minuten
Eine Portion enthält: 240 kcal (995 kJ), 9 g E, 20 g F, 5 g KH

Zutaten für 4 Portionen

5 Spitzpaprika
3 Knoblauchzehen
200 g Feta
3 EL Olivenöl
2 EL Zitronensaft
½ TL Chilipulver
Salz
schwarzer Pfeffer

Außerdem

Backpapier

Zubereitung

1 Den Backofen auf 220 °C (Grillfunktion) vorheizen und ein Backblech mit Backpapier belegen.

2 Die Spitzpaprika waschen, halbieren, entkernen und mit der Schnittfläche nach unten auf das Backpapier legen. Den Knoblauch abziehen, zerdrücken und zwischen der Paprika verteilen. Im heißen Ofen 35 Minuten lang rösten.

3 Das Blech aus dem Ofen nehmen und 10 Minuten abkühlen lassen. Die Haut der Paprika abziehen und das Fruchtfleisch in ein hohes Gefäß geben. Knoblauch, Feta, Olivenöl, Zitronensaft und Chilipulver hinzugeben und fein pürieren. Den Paprika-Feta-Dip mit Salz und Pfeffer abschmecken.

Feurig-scharfer Frischkäsedip

Entzündungshemmend

+ Pflanzenheilkraft

Zubereitungszeit: 15 Minuten
Eine Portion enthält: 345 kcal (1140 kJ), 8 g E, 32 g F, 7 g KH

Zutaten für 4 Portionen

200 g Doppelrahmfrischkäse
200 g saure Sahne
1 EL Leinöl
3 EL Harissa
Salz
1 Spitzpaprika

Zubereitung

1 Doppelrahmfrischkäse, saure Sahne, Leinöl und Harissa in einem Mixer zu einer cremigen Paste verarbeiten. Mit Salz abschmecken.

2 Die Spitzpaprika waschen, putzen und in sehr feine Würfel schneiden. Die Paprikawürfel unter die Frischkäsemasse heben und servieren.

INFO Harissa ist eine scharfe Gewürzpaste aus dem nordafrikanischen Raum. Sie enthält Chilis, Kreuzkümmel, Koriandersamen, Knoblauch, Salz und Olivenöl.

Gierschbutter

Harntreibend

+ Pflanzenheilkraft

Zubereitungszeit: 10 Minuten
Eine Portion enthält: 260 kcal (1080 kJ), 1 g E, 29 g F, 1 g KH

Zutaten für 4 Portionen

1 Knoblauchzehe
1 kleine Zwiebel
125 g weiche Butter
1 EL Leinöl
1 TL Salz
1 Spritzer Zitronensaft
15 junge Gierschspitzen

Zubereitung

1 Knoblauch und Zwiebel abziehen und sehr fein hacken. Die Butter mit Leinöl und Salz verrühren, mit der Knoblauchzehe und dem Zitronensaft schaumig rühren.

2 Den Giersch sehr fein hacken und mit der Zwiebel unter den Aufstrich mengen.

TIPP Gierschsamen erhalten Sie im Biofachhandel. Er lässt sich leicht auf dem Fensterbrett oder auf dem Balkon ziehen.

GETRÄNKE UND SMOOTHIES

Kurkuma-Smoothie

Immunsystemankurbler

+ Pflanzenheilkraft

Zubereitungszeit: 10 Minuten
Eine Portion enthält: 140 kcal (600 kJ), 2 g E, 0 g F, 31 g KH

Zutaten für 2 Portionen

2 Handvoll Feldsalat
1 Birne
1 Banane
1 Maracuja
1 cm frische Kurkuma
½ cm frischer Ingwer

Zubereitung

1 Den Feldsalat waschen und trocken schleudern. Die Birne waschen, das Kerngehäuse entfernen. Die Banane schälen und halbieren. Das Fruchtfleisch der Maracuja herauslöffeln. Die Kurkuma waschen und eventuell schälen.

2 Alle Zutaten in den Mixer geben, bei Bedarf etwas Wasser hinzufügen und das Ganze zum Smoothie pürieren. Auf zwei Gläser verteilen.

Goldene Latte

Kurbelt das Immunsystem an

+ Pflanzenheilkraft

Zubereitungszeit: 10 Minuten
Zeit zum Ziehen: 10 Minuten
Eine Portion enthält: 50 kcal (200 kJ), 1 g E, 3 g F, 4 g KH

Zutaten für 2 Portionen

1 cm frischer Ingwer
3 Kardamomkapseln
500 ml Mandeldrink
2 TL Kurkumapulver
1 Msp. Zimt
1 Msp. Muskatpulver
1 EL Honig

Zubereitung

1 Ingwer schälen und hacken. Kardamomkapseln öffnen, Samen herauslösen und mörsern.

2 Den Mandeldrink in einen Topf gießen, Ingwer, Kurkuma, Zimt, Muskat, Kardamom und Honig dazugeben. Die Latte erhitzen und 10 Minuten bei ausgeschalteter Herdplatte ziehen lassen.

3 Durch ein feines Sieb abgießen, mit dem Pürierstab oder Milchaufschäumer aufschlagen und in zwei Gläser füllen.

Kurkuma-Mango-Lassi

Reich an Probiotika

+ Pflanzenheilkraft

Zubereitungszeit: 10 Minuten
Eine Portion enthält: 270 kcal (1130 kJ), 9 g E, 13 g F, 27 g KH

Zutaten für 2 Portionen

1 Mango
1 cm frische Kurkuma
400 g Naturjoghurt, 3,5 % Fett
1 EL Leinöl

Zubereitung

1 Die Mango waschen, den Stein entfernen, Mango schälen, in Stücke schneiden und in den Mixer geben. Kurkuma waschen, eventuell schälen und zur Mango geben.

2 Etwas Joghurt hinzugeben und das Ganze pürieren. Nach und nach den Joghurt und das Leinöl zugeben. Auf zwei Gläser verteilen und nach Belieben mit Eiswürfeln servieren.

Kräuterlimonade

Harnantreibend

+ Pflanzenheilkraft

Zubereitungszeit: 10 Minuten
Ziehzeit: 3–5 Stunden
Eine Portion enthält: 35 kcal (150 kJ), 0 g E, 0 g F, 8 g KH

Zutaten für 4 Portionen

1 Handvoll Giersch
1 Handvoll Zitronenmelisse
1 Handvoll Minze
250 ml Apfelsaft

Zubereitung

Die Kräuter waschen, trocken schleudern und mit 500 ml Wasser 3–5 Stunden stehen lassen. Vor dem Servieren den Apfelsaft dazugießen.

INFO Gierschsamen erhalten Sie im Biofachhandel. Er lässt sich leicht auf dem Fensterbrett oder auf dem Balkon ziehen. Als Alternative bieten sich auch junge Brennnesselblätter an.

Limonade aus Rosmarin-Zitronen-Sirup

Durchblutungsfördernd

+ Pflanzenheilkraft

Zubereitungszeit: 10 Minuten
Ziehzeit: 60 Minuten
Eine Portion enthält: 90 kcal (380 kJ), 0 g E, 0 g F, 20 g KH

Zutaten für 4 Portionen

2 Zitronen
70 g Kokosblütenzucker
4 Zweige Rosmarin
50 g frischer Ingwer
800 ml Mineralwasser

Zubereitung

1 Die Zitronen halbieren und auspressen. Zitronensaft mit 150 ml Wasser und dem Kokosblütenzucker zum Kochen bringen.

2 Rosmarin waschen, die Nadeln von den Stielen abziehen und fein hacken. Ingwer schälen und hacken. Wenn sich der Zucker aufgelöst hat, die Rosmarinnadeln und den Ingwer dazugeben. Das Ganze mindestens 1 Stunde ziehen und dabei auskühlen lassen.

3 Den Sirup abseihen und je 2 EL Sirup mit je 200 ml Wasser aufgießen.

HALTBARKEIT Der Sirup lässt sich gut im Kühlschrank lagern.

Grapefruit-Rosmarin-Limo

Durchblutungsfördernd

+ Pflanzenheilkraft

Zubereitungszeit: 15 Minuten
Eine Portion enthält: 100 kcal (410 kJ),
0 g E, 0 g F, 22 g KH

Zutaten für 4 Portionen

2 Grapefruits
1 Tasse Blutorangentee
2 Rosmarinzweige
80 g brauner Zucker
1 l Mineralwasser

Zubereitung

1 Die Grapefruits schälen und vierteln, vier Fruchtspalten zurückbehalten und mit dem Blutorangentee im Mixer kurz mixen. Den Rosmarin waschen, die Nadeln von den Stielen lösen. 1 EL zurückbehalten, den Rest grob hacken. und in die Mischung geben. In einem Topf die Grapefruit-Rosmarin-Mischung mit dem Zucker aufkochen lassen. Beiseitestellen und abkühlen lassen.

2 Die Mischung durch ein Sieb geben. 3–4 EL Sirup in ein Glas geben, mit Eiswürfeln auffüllen und mit Mineralwasser aufgießen. Mit Rosmarinnadeln und je 1 Grapefruitspalte dekorieren.

Detox-Wasser „Jungbrunnen"

Durchblutungsfördernd

+ Pflanzenheilkraft

Zubereitungszeit: 10 Minuten
Ziehzeit: 2 Stunden
Eine Portion enthält: 10 kcal (40 kJ),
0 g E, 0 g F, 2 g KH

Zutaten für 4 Portionen

1 Kiwi
½ Apfel
2 cm frischer Ingwer
1 cm frische Kurkuma
1 Zweig Rosmarin

Zubereitung

1 Die Kiwi schälen und in Scheiben schneiden. Den Apfel waschen, das Kerngehäuse entfernen und den Apfel in 2 cm große Stücke schneiden. Ingwer und Kurkuma schälen und in dünne Scheiben schneiden.

2 Alle Zutaten in einen Krug geben und mit kaltem Wasser aufgießen. Etwa 2 Stunden ziehen lassen und dann genießen.

SALATE

Bunter Blumenkohlsalat

Reich an Polyphenolen

+ Pflanzenheilkraft

Zubereitungszeit: 25 Minuten
Eine Portion enthält: 140 kcal (600 kJ), 6 g E, 8 g F, 11 g KH

Zutaten für 4 Portionen

2 EL Erdnussmus
3 EL Limettensaft
1 EL Leinöl
Chiliflocken
Salz, schwarzer Pfeffer
½ Blumenkohl
200 g Möhren
1 vorgegarte Rote Beete
1 Stange Sellerie
4 Stiele Koriandergrün

Zubereitung

1 Erdnussmus, Limettensaft, Leinöl und eine Prise Chiliflocken zu einem Dressing glatt rühren. Mit Salz und Pfeffer abschmecken.

2 Den Blumenkohl putzen und in Röschen teilen. Die Röschen in Scheiben schneiden. Die Möhren schälen und in dünne Streifen schneiden. Die Rote Beete ebenfalls in dünne Streifen schneiden. Den Sellerie waschen und in kleine Stückchen schneiden. Alles mit dem Blumenkohl vermischen.

3 Korianderblättchen von den Stielen zupfen. Den Salat in einer Schüssel anrichten und mit Erdnussdressing und Koriander servieren.

Scharfer Asia-Salat mit Tofu

Reich an Polyphenolen

+ Pflanzenheilkraft

Zubereitungszeit: 35 Minuten
Eine Portion enthält: 490 kcal (2060 kJ), 19 g E, 16 g F 68 g KH

Zutaten für 4 Portionen

200 g Glasnudeln
2 Kohlrabis
4 Möhren
1 großer Apfel
100 g Sprossenmix
200 g Räuchertofu
2 EL Rapsöl
3 EL Sojasoße
1 Limette
3 EL Erdnussbutter
1 EL Honig
1–2 TL Sambal Oelek
Salz
4–8 Zweige Koriander
2 EL geröstete und gesalzene Erdnüsse

Zubereitung

1 Die Glasnudeln nach Packungsanweisung zubereiten. Kohlrabis schälen, halbieren und in feine Stifte schneiden. Die Möhren schälen und mit dem Sparschäler dünnen Streifen abschälen. Den Apfel waschen, vierteln, entkernen und in dünne Spalten schneiden. Den Sprossenmix waschen und gut abtropfen lassen.

2 Den Tofu in Würfel schneiden und in heißem Öl rundherum knusprig anbraten. Mit Sojasoße ablöschen und aus der Pfanne nehmen.

3 Die Limette auspressen. Erdnussbutter, Honig, Limettensaft und Sambal Oelek mit 3–4 EL Wasser glatt rühren. Mit Salz abschmecken und mit den fertigen Glasnudeln mischen.

4 Den Koriander waschen, trocken schleudern, die Blättchen grob hacken. Kohlrabi, Möhren, Apfel und die Hälfte des Korianders mischen und unter die Glasnudeln heben. Auf vier Schalen verteilen und mit Sprossen und Tofu anrichten. Mit Erdnüssen und dem übrigen Koriander bestreuen.

Gurken-Erdnuss-Salat

Reich an Omega-3-Fettsäuren

+ Pflanzenheilkraft

Zubereitungszeit: 25 Minuten
Ziehzeit: 60 Minuten
Eine Portion enthält: 155 kcal (650 kJ), 3 g E, 14 g F, 5 g KH

Zutaten für 1 Portion

1 rote Zwiebel
1 rote Chilischote
3 EL Rapsöl
1 EL Leinöl
4 EL Apfelessig
Salz
schwarzer Pfeffer
1 TL Honig
1 Salatgurke
3 EL geröstete Erdnüsse

Zubereitung

1 Die Zwiebel abziehen und fein würfeln. Die Chili waschen, putzen und in sehr feine Streifen schneiden. Ein Dressing aus Rapsöl, Leinöl, Apfelessig, Salz, Pfeffer und Honig herstellen.

2 Die Gurke waschen, längs halbieren und die Kerne mit einem Löffel herauskratzen, dann in feine Scheiben schneiden. Die Erdnüsse hacken.

3 Alles in eine Schüssel geben und etwa 1 Stunde durchziehen lassen.

INFO Walnüsse, Haselnüsse, Paranüsse, Pekannüsse und auch Maronen enthalten ebenfalls viel Omega-3-Säuren.

Rucola-Lachs-Salat mit Ziegenfrischkäse

Reich an Omega-3-Fettsäuren

Zubereitungszeit: 15 Minuten
Eine Portion enthält: 240 kcal (1020 kJ), 12 g E, 16 g F, 10 g KH

Zutaten für 4 Portionen

150 g Rucola
200 g Graved Lachs
120 g Granatapfelkerne
Saft von ½ Zitrone
3 EL Rapsöl
1 TL Honig
Salz
schwarzer Pfeffer
100 g Ziegenfrischkäserolle

Zubereitung

1 Den Rucola waschen und putzen. Den Lachs in feine Streifen schneiden und beides mit den Granatapfelkernen in einer Schüssel vermengen.

2 Die halbe Zitrone auspressen, den Zitronensaft mit Öl und Honig aufschlagen, mit Salz und Pfeffer abschmecken. Unter den Salat mengen.

3 Den Salat auf vier Teller verteilen, mit einem Teelöffel den Frischkäse zerteilen und den Salat mit den Frischkäsestückchen garnieren.

Tomaten-Mozzarella-Salat

Reich an Polyphenolen

Zubereitungszeit: 25 Minuten
Eine Portion enthält: 240 kcal (1010 kJ), 10 g E, 21 g F, 4 g KH

Zutaten für 4 Portionen

150 g Blattsalatmischung
200 g Cocktailtomaten
1 rote Zwiebel
200 g kleine Mozzarellakugeln
4 EL Olivenöl
3 EL milder Weißweinessig
Salz
schwarzer Pfeffer
1 Prise brauner Zucker

Zubereitung

1 Salat waschen, verlesen und trocken schleudern. Tomaten waschen und halbieren. Zwiebel abziehen und in Ringe schneiden.

2 Mozzarellakugeln abgießen. Alles zusammen in eine Schüssel geben.

3 Ein Dressing aus Olivenöl, Weißweinessig, Salz, Pfeffer und Zucker herstellen und über den Salat geben. Auf vier Tellern anrichten.

Sommerkartoffelsalat

Reich an Polyphenolen

Zubereitungszeit: 40 Minuten
Marinierzeit: 60 Minuten
Eine Portion enthält: 280 kcal (1175 kJ), 11 g E, 11 g F, 33 g KH

Zutaten für 4 Portionen

500 g festkochende Kartoffeln
500 g grüner Spargel
300 g Prinzessbohnen
200 g Erbsen (TK)
½ Bund Radieschen
1 Bund Dill
½ rote Chilischote
4 EL Rapsöl
3 EL Apfelessig
einige Tropfen Sriracha-Soße (Chilisoße)
Salz
½ TL brauner Zucker

Zubereitung

1 Die Kartoffeln waschen und garen, pellen und in mundgerechte Würfel schneiden.

2 Den Spargel waschen, das untere Drittel schälen und etwa 10 Minuten in leicht gesalzenem Wasser garen. Abgießen und in 3–4 cm große Stücke schneiden.

3 Die Prinzessbohnen ebenfalls in leicht gesalzenem Wasser garen und abgießen. Die Erbsen auftauen lassen.

4 Die Radieschen putzen, waschen und in dünne Scheiben schneiden. Den Dill waschen, trocken schleudern und grob hacken.

5 Für das Dressing die Chilischote in sehr feine Streifen schneiden. Aus Rapsöl, Apfelessig, Chilisoße, Salz und Zucker ein Dressing aufschlagen.

6 Die Kartoffeln darin mindestens 1 Stunde marinieren, dann die restlichen Zutaten dazugeben und auf vier Tellern anrichten.

INFO Sriracha-Soße ist eine nach einer thailändischen Stadt benannte spezielle scharfe Chilisoße. Ihre Schärfe macht den Salat zu einem besonderen kulinarischen Erlebnis.

Würziger Avocadosalat

Entzündungshemmend

+ Pflanzenheilkraft

Zubereitungszeit: 40 Minuten
Eine Portion enthält: 270 kcal (1140 kJ), 4 g E,8 g F, 22 g KH

Zutaten für 4 Portionen

2 rote Zwiebeln
2 EL Rotweinessig
½ Zitrone
2 Avocados
2 Mangos
2 Romana-Salatherzen
1 Handvoll Basilikumblätter
½ Chilischote
Salz. schwarzer Pfeffer
2 EL Olivenöl
2 EL Weißweinessig

Zubereitung

1 Die Zwiebeln schälen, in Ringe schneiden und mit Rotweinessig in 100 ml kochendes Wasser geben, darin 5–10 Minuten weich kochen.

2 Die halbe Zitrone auspressen. Die Avocados halbieren und den Kern entfernen. Mit einem Löffel das Fruchtfleisch im Ganzen aus der Schale heben und die Hälften in Spalten schneiden. Mit Zitronensaft marinieren.

3 Die Mangos schälen. Das Fruchtfleisch vom Kern entfernen und die Hälften in Scheiben schneiden. Salatherzen und Basilikumblätter waschen und trocken schleudern.

4 Marinierte Avocadospalten, rote Zwiebel und Mangoscheiben vermengen. Eine halbe Chilischote fein hacken und zugeben, mit Salz und Pfeffer abschmecken. Den Blattsalat mit Basilikumblättern, Olivenöl und Weißweinessig anmachen. Alles zusammen anrichten.

Brokkolisalat mit Granatapfel

Reich an Polyphenolen

Zubereitungszeit: 40 Minuten
Marinierzeit: 120 Minuten
Eine Portion enthält: 200 kcal (830 kJ), 8 g E, 10 g F, 18 g KH

Zutaten für 4 Portionen

1 Brokkoli
Salz
2 gelbe Paprika
1 Zwiebel
30 g Sonnenblumenkerne
3 EL Rapsöl
3 EL Apfelessig
1 TL Senf
1 TL Honig
schwarzer Pfeffer
80 g Granatapfelkerne

Zubereitung

1 Den Brokkoli waschen, in Röschen teilen und in siedendem Salzwasser 3 Minuten blanchieren. Anschließend gut abtropfen lassen.

2 Die Paprika halbieren, das Kerngehäuse entfernen, waschen und fein würfeln. Die Zwiebel abziehen und fein würfeln. Die Sonnenblumenkerne in einer Pfanne ohne Fett rösten.

3 Für das Dressing Öl und Essig verquirlen, Senf und Honig unterschlagen und mit Pfeffer und Salz abschmecken.

4 Die gedünsteten Brokkoliröschen je nach Größe noch etwas kleiner schneiden. Brokkoliröschen, Paprikawürfel und geröstete Sonnenblumenkerne in eine Schüssel geben. Die Granatapfelkerne untermengen, das Dressing unterheben und durchziehen lassen.

Italienischer Brotsalat Panzanella

Entzündungshemmend
+ Pflanzenheilkraft

Zubereitungszeit: 40 Minuten
Eine Portion enthält: 280 kcal (1190 kJ), 6 g E, 16 g F, 29 g KH

Zutaten für 4 Portionen

200 g Dinkel-Ciabatta
6 EL Olivenöl
400 g Tomaten
1 Avocado
1 Knoblauchzehe
1 TL Zitronensaft
1 TL italienische Kräuter
1 Msp. Chilipulver
½ EL Salz
schwarzer Pfeffer
1 Handvoll Basilikumblätter

Zubereitung

1 Die Ciabatta würfeln. 2 EL Olivenöl in einer Pfanne erhitzen und die Brotwürfel darin rösten, bis sie kross sind.

2 Die Tomaten in mundgerechte Stücke schneiden. Die Avocado halbieren, schälen und würfeln.

3 Den Knoblauch abziehen und fein hacken. Mit dem restlichen Olivenöl, Zitronensaft, Kräutern, Chilipulver, Salz und Pfeffer vermischen. Tomaten und Avocadowürfel in die Soße geben und gut vermischen.

4 Ciabattawürfel und Salat auf eine große Platte schichten und mit Basilikumblättern bestreuen.

RESTE-TIPP Brotsalat ist bei mir häufig ein Resteessen. Wenn noch ein paar abgelagerte Scheiben Brot übrig sind, würfle ich sie und mache daraus einen Brotsalat mit unterschiedlichem Gemüse. Beliebt sind auch die griechischen Varianten mit Tomaten, Gurken, Oliven oder auch Paprika, Tomate und Feta.

Bunter Wintersalat

Reich an Vitamin C

Zubereitungszeit: 40 Minuten
Eine Portion enthält: 185 kcal (770 kJ), 5 g E, 11 g F, 16 g KH

Zutaten für 4 Portionen

4 EL Pinienkerne
2 Orangen
1 rote Zwiebel
1 vorgegarte Rote Beete
2 EL Olivenöl
2 EL Aceto balsamico
1 EL Honig
Salz, schwarzer Pfeffer
150 g Pflücksalatmischung
1 Handvoll glatte Petersilienblätter
40 g Granatapfelkerne

Zubereitung

1 Die Pinienkerne in einer Pfanne ohne Fett rösten. Die Orangen schälen und filetieren, dabei den Saft auffangen. Die Zwiebel abziehen und in Streifen schneiden. Rote Bete in Scheiben schneiden.

2 Aus dem aufgefangenen Orangensaft, Olivenöl, Balsamico und Honig ein Dressing aufschlagen, mit Salz und Pfeffer würzen.

3 Alles mit Pflücksalat, Petersilie und Granatapfelkernen auf vier Teller verteilen. Mit dem Dressing beträufeln und den Pinienkernen bestreuen.

TIPP Granatäpfel sind lecker und vielseitig einsetzbar. Man kann die kleinen Kerne schon aus dem Apfel herausgelöst kaufen oder man löst sie selbst aus der Frucht.

Es gibt einen Trick, wie Sie ohne lästige Spritzer an die Kerne kommen. Nachdem Sie den Granatapfel vorsichtig in Teile zerbrochen haben, legen Sie die Granatapfelteile in eine Schale mit Wasser. Unter Wasser brechen Sie den Granatapfel weiter und lösen die Kerne heraus. Durch das Wasser entstehen keine lästigen Spritzer. Zum Schluss geben Sie alles auf ein Sieb.

Bunter Couscoussalat

Gelenkschonend

Zubereitungszeit: 30 Minuten
Eine Portion enthält: 270 kcal (1150 kJ), 8 g E, 7 g F, 43 g KH

Zutaten für 4 Portionen

200 g feiner Couscous
400 ml Gemüsebrühe
1 Salatgurke
250 g Cocktailtomaten
1 Bund glatte Petersilie
1 Bund Zitronenmelisse
2 Limetten
1 TL Honig
2 EL Olivenöl
5 EL Ajvar (Glas)
Salz, schwarzer Pfeffer

Zubereitung

1 Den Couscous mit heißer Gemüsebrühe übergießen und stehen lassen. Falls die Gemüsebrühe nicht komplett aufgesogen wird, abgießen.

2 Die Gurke waschen, längs vierteln, entkernen und grob würfeln. Die Tomaten waschen und halbieren.

3 Kräuter waschen, trocken schütteln, die Blätter abzupfen und fein hacken. Den Saft der Limetten auspressen und mit Honig und Olivenöl verrühren.

4 Das Ajvar unter den Couscous rühren und mit Salz und Pfeffer würzen. Gurken und Tomaten hinzugeben und vermengen, die Kräuter und das Dressing unterheben.

INFO Ajvar, eine Spezialität der Balkanküche, ist eine Mischung aus Paprika und Auberginen von mild bis scharf und schmeckt auch als Brotaufstrich oder in Nudelgerichten.

Gurkenspiralensalat

Reich an Probiotika

Zubereitungszeit: 20 Minuten
Eine Portion enthält: 100 kcal (420 kJ), 3 g E, 6 g F, 6 g KH

Zutaten für 4 Portionen

Salatgurken
200 g Naturjoghurt, 1,5 % Fett
2 EL Leinöl
2 EL Zitronensaft
4–8 Zweige Dill
Salz
schwarzer Pfeffer
2 EL Schwarzkümmel

Zubereitung

1 Die Gurken waschen und mithilfe eines Spiralschneiders in Spaghetti schneiden.
Die Gurkenspaghetti auf Küchenpapier ausbreiten und abtropfen lassen.

2 Joghurt mit Leinöl und Zitronensaft aufschlagen. Dill waschen, trocken tupfen und klein zupfen, in die Joghurtsoße geben, mit Salz und Pfeffer abschmecken.

3 Schwarzkümmel in einer Pfanne erwärmen. Sobald er duftet, auf einem Teller auskühlen lassen.

4 Die Gurkenspaghetti in eine Salatschale geben, das Joghurtdressing darübergießen und den kalten Schwarzkümmel untermengen.

TIPP Sofort servieren, sonst zieht der Salat zu viel Wasser.

Rosenkohl-Quinoa-Salat

Reich an Polyphenolen

Zubereitungszeit: 20 Minuten
Backzeit: 35 Minuten
Eine Portion enthält: 580 kcal (2420 kJ), 14 g E, 34 g F, 54 g KH

Zutaten für 4 Portionen

200 g Quinoa
500 g Rosenkohl
8 EL Olivenöl
1 EL Aceto balsamico
2 EL Honig
1½ TL Harissa
50 g Pekannüsse
50 g Radicchio
50 g Endiviensalat
4 EL Zitronensaft
2 EL Tahin (Sesammus)
40 g Cranberrys

Zubereitung

1 Die Quinoa nach Packungsangabe garen und abtropfen lassen. Den Rosenkohl putzen, waschen und halbieren. 2 EL Olivenöl, Essig, Honig und 1 TL Harissa vermengen.

2 Den Rosenkohl mit der Ölmischung vermengen, auf einem Backblech verteilen und bei 200 °C im Backofen 35 Minuten backen, bis der Kohl bissfest gegart ist. Zwischendurch einmal wenden. Die Pekannüsse die letzten 5 Minuten mit dem Rosenkohl in den Ofen geben.

3 Inzwischen die Salatblätter verlesen, waschen, trocken schleudern und in mundgerechte Stück zupfen. 6 EL Olivenöl, Zitronensaft, Tahin und ½ TL Harissa zum Dressing rühren.

4 Rosenkohl und Pekannüsse mit Quinoa, Cranberrys und Dressing in einer Schüssel vermengen. Zum Schluss die Salatblätter unterheben.

Mango-Spinat-Salat

Reich an Polyphenolen

Zubereitungszeit: 20 Minuten
Eine Portion enthält: 370 kcal (1545 kJ), 6 g E, 25 g F, 29 g KH

Zutaten für 4 Portionen

150 g Babyspinat
2 Mangos
6 EL Rapsöl
½ Orange
2 EL Obstessig
Salz
weißer Pfeffer
80 g Cashewkerne
40 g Cranberrys

Zubereitung

1 Den Spinat waschen, putzen und trocken schleudern. Die Mangos schälen, das Fruchtfleisch vom Kern schneiden und würfeln. Den Spinat mit den Mangowürfeln in einer Schüssel mischen.

2 Die halbe Orange auspressen. Das Öl mit Orangensaft, Essig, Salz und Pfeffer aufschlagen. Die Cashewnüsse ohne Fett kurz in einer Pfanne anrösten. Das Dressing, die Nüsse und die Cranberrys über den Salat geben.

Feldsalat mit Champignons und Kichererbsen

Reich an Omega-3-Fsäuren

Zubereitungszeit: 40 Minuten
Eine Portion enthält: 220 kcal (910 kJ), 7 g E,16 g F, 10 g KH

Zutaten für 4 Portionen

2 Knoblauchzehen
250 g braune Champignons
6 EL Hanföl
200 g Kichererbsen (Dose/Glas)
150 g Feldsalat
4 EL Apfelessig
½ TL Meerrettich (Glas)
Salz
schwarzer Pfeffer

Zubereitung

1 Den Knoblauch abziehen und fein hacken. Die Champignons putzen, blättrig schneiden und in 3 EL Hanföl in einer Pfanne zusammen mit dem Knoblauch andünsten. Die Kichererbsen abgießen und abspülen.

2 Den Feldsalat putzen, waschen und trocken schleudern. Aus dem restlichen Hanföl, Apfelessig und Meerrettich ein Dressing aufschlagen. Mit Salz und Pfeffer würzen.

3 Alle Zutaten in eine Schüssel geben und mit dem Dressing vermengen.

SUPPEN UND EINTÖPFE

Tomatensuppe

Reich an Polyphenolen

Zubereitungszeit: 30 Minuten
Eine Portion enthält: 120 kcal (515 kJ), 3 g E, 7 g F, 12 g KH

Zutaten für 4 Portionen

1 Zwiebel
5 Knoblauchzehen
2 Möhren
2 EL Olivenöl
2 Dosen Pizzatomaten (à 400 g)
150 ml Gemüsebrühe
2 TL getrockneter Thymian
1 TL getrocknetes Basilikum
Salz
schwarzer Pfeffer
1 TL brauner Zucker
Basilikumblättchen zum Dekorieren
4–6 EL Hafercreme

Zubereitung

1 Zwiebel und Knoblauch abziehen und fein würfeln. Die Möhren schälen und würfeln. Öl in einem Topf erhitzen und die Zwiebel- und Möhrenwürfel darin andünsten. Die Pizzatomaten zusammen mit der Gemüsebrühe hinzugeben und Knoblauch, Thymian und Basilikum hinzufügen. Das Ganze etwa 15 Minuten köcheln lassen.

2 Die Tomatensuppe pürieren. Mit Salz, Pfeffer und Zucker abschmecken. Eventuell mit Thymian und Basilikum nachwürzen. Tomatensuppe auf Suppentassen verteilen. Die Hafercreme vorsichtig in Form einer Spirale auf die Suppe geben. Mit Basilikumblättchen und Pfeffer dekorieren.

Gemüsesuppe „Primavera"

Reich an Omega-3-Fettsäuren

+ Pflanzenheilkraft

Zubereitungszeit: 30 Minuten
Eine Portion enthält: 240 kcal (1000 kJ), 6 g E, 2 g F, 25 g KH

Zutaten für 4 Portionen

400 g Möhren
1 Kohlrabi
¼ Sellerie
1 Stange Lauch
2 Zwiebeln
2 EL Rapsöl
600 ml Gemüsebrühe
4–5 EL feinblättrige Haferflocken
300 ml Hafercreme
Salz
weißer Pfeffer
1 Msp. Muskatpulver
½ Bund frische Petersilie
4 TL Leinöl

Zubereitung

1 Möhren, Kohlrabi und Sellerie schälen, Lauch putzen, die Zwiebeln abziehen. Alles in grobe Würfel schneiden und in Öl anbraten.

2 Die Gemüsebrühe aufgießen und alles etwa 15 Minuten köcheln lassen. Die Petersilie waschen und trocken tupfen, die Blätter von den Stielen zupfen und fein hacken.

3 Wenn das Gemüse weich ist, die Suppe pürieren. Die Haferflocken und die Hafercreme einrühren und einmal aufkochen lassen, sodass die Suppe sämig wird. Mit Salz, Pfeffer und Muskat abschmecken.

4 Die Suppe auf Suppenteller verteilen. Mit Leinöl beträufeln und mit Petersilie bestreuen.

TIPP Ich koche diese Suppe oft nur mit Gemüseresten aus dem Kühlschrank.

Rote-Bete-Suppe

Reich an Polyphenolen

+ Pflanzenheilkraft

Zubereitungszeit: 40 Minuten
Eine Portion enthält: 170 kcal (720 kJ), 3 g E, 9 g F, 20 g KH

Zutaten für 4 Portionen

1 Zwiebel
1 Knoblauchzehe
2 cm frischer Ingwer
150 g mehlig kochende Kartoffeln
500 g vorgegarte Rote Bete
2 EL Olivenöl
1 TL brauner Zucker
2 TL Gemüsebrühe
Salz
schwarzer Pfeffer
2 EL saure Sahne
1 TL Tafelmeerrettich
1 Kästchen Kresse
Rote-Bete-Sprossen
100 ml Haferdrink

Zubereitung

1 Die Zwiebel schälen und fein würfeln. Knoblauch und Ingwer schälen, fein hacken. Die Kartoffeln schälen, waschen und klein würfeln. Die Rote Bete abtropfen lassen und grob würfeln.

2 Das Öl in einem großen Topf erhitzen. Zwiebel, Knoblauch und Ingwer darin 1–2 Minuten andünsten. Mit Zucker bestreuen und leicht karamellisieren. Kartoffeln und Rote Bete dazugeben, kurz anbraten. Mit 800 ml Wasser aufgießen, die Gemüsebrühe einrühren. Kräftig mit Salz und Pfeffer würzen. Alles aufkochen und bei schwacher Hitze 20 Minuten köcheln.

3 Inzwischen die saure Sahne und den Tafelmeerrettich verrühren, die Kresse waschen und vom Beet schneiden, die Rote-Bete-Sprossen waschen.

4 Die Suppe vom Herd nehmen und mit dem Stabmixer fein pürieren. Den Haferdrink unter die Suppe rühren. Mit Salz, Pfeffer und Zucker abschmecken und in Suppentassen füllen. Die Meerrettich-Sahne daraufgeben und mit Kresse und Sprossen garnieren. Heiß servieren.

INFO Die Sprossen finden Sie im Kühlregal gut sortierter Supermärkte – meist in der Nähe der Obst- und Gemüseabteilung. Rote Beete-Sprossen können Sie auch in drei bis fünf Tagen selber ziehen.
Rote Bete färben stark auf die Hände ab. Zum Schutz können Sie Einmalhandschuhe verwenden.

Gurkenkaltschale

Reich an Probiotika

Zubereitungszeit: 15 Minuten
Kühlzeit: 60 Minuten
Eine Portion enthält: 120 kcal (490 kJ), 4 g E, 8 g F, 7 g KH

Zutaten für 4 Portionen

1 Zwiebel
2 Knoblauchzehen
1 Bund Dill
1 große Salatgurke
300 g Naturjoghurt, 1,5 % Fett
4 EL saure Sahne
2 EL Leinöl
Salz, schwarzer Pfeffer

Zubereitung

1 Zwiebel und Knoblauch abziehen und fein hacken. Dill waschen, trocken tupfen und fein wiegen. Die Gurke waschen, schälen und fein würfeln. Eine Handvoll beiseitestellen, den Rest der Gurke mit Zwiebel, Joghurt, saurer Sahne und Leinöl pürieren. Mit Salz und Pfeffer abschmecken und mindestens 1 Stunde im Kühlschrank durchziehen lassen.

2 2 EL Dill zurückbehalten, den Rest unter die Kaltschale rühren. Auf vier Suppentassen verteilen, die Gurkenwürfel hineingeben und mit dem restlichen Dill bestreuen.

Kurkuma-Süßkartoffel-Suppe

Entzündungshemmend

Zubereitungszeit: 30 Minuten
Eine Portion enthält: 220 kcal (910 kJ), 3 g E, 10 g F, 30 g KH

Zutaten für 4 Portionen

2 mittelgroße Süßkartoffeln
2 EL Olivenöl
2 TL Kurkumapulver
750 ml Gemüsebrühe
½ TL gemahlener Koriander
150 ml Hafercreme

Zubereitung

1 Die Süßkartoffeln schälen und in grobe Stücke schneiden. Das Olivenöl in einem Topf erhitzen und die Süßkartoffelstücke mit Kurkuma 3 Minuten unter gelegentlichem Rühren andünsten. Die Gemüsebrühe angießen, den Koriander dazugeben und die Süßkartoffeln bei mittlerer Hitze etwa 15 Minuten gar kochen.

2 Die Süßkartoffeln in der heißen Gemüsebrühe pürieren. Die Hafercreme dazugeben und die Suppe noch einmal erhitzen, nicht aufkochen. Die Suppe mit Salz und eventuell Kurkuma und Koriander abschmecken.

Borretsch-Kartoffel-Suppe

Gelenkschonend

+ Pflanzenheilkraft

Zubereitungszeit: 35 Minuten
Eine Portion enthält: 300 kcal (1200 kJ), 6 g E, 17 g F, 27 g KH

Zutaten für 4 Portionen

4 Zweige Borretsch
600 g Kartoffeln
2 Stangen Bleichsellerie
1 Zwiebel
1 EL Rapsöl
800 ml Gemüsebrühe
100 g Hafercreme
80 g Doppelrahmfrischkäse
Salz
schwarzer Pfeffer
2 EL Leinöl
4 EL gehackte Petersilienblättchen

Zubereitung

1 Den Borretsch waschen, Blätter und Blüten von den Stängeln zupfen und die Blätter grob schneiden. Die Blüten als Deko beiseitestellen.

2 Die Kartoffeln schälen und in mundgerechte Stücke schneiden. Den Bleichsellerie waschen und schneiden. Die Zwiebel abziehen und fein hacken.

3 Rapsöl in einem Topf erhitzen, Zwiebel glasig dünsten, Bleichsellerie und Kartoffeln dazugeben und anschwitzen, mit Gemüsebrühe ablöschen und alles etwa 15–20 Minuten garen.

4 Hafercreme, Frischkäse und Borretsch dazugeben. Alles fein pürieren. Mit Salz und Pfeffer abschmecken. Leinöl einrühren, aber nicht mehr erhitzen, und mit Petersilie und Borretschblüten bestreuen.

TIPP Das Kraut zählt zu den sieben Pflanzen der Frankfurter Soße, doch solo ist Borretsch nur selten auf dem Wochenmarkt oder im Supermarkt zu finden. Borretsch können Sie im Frühjahr aussäen oder als Küchenkraut in Ihrem Garten oder auf der Fensterbank ziehen.

Spinatsuppe mit Lachsstreifen

Reich an Omega-3-Fsäuren

+ Pflanzenheilkraft

Zubereitungszeit: 35 Minuten
Eine Portion enthält: 190 kcal (780 kJ), 11 g E, 12 g F, 8 g KH

Zutaten für 4 Portionen

2 Zwiebeln
1 Knoblauchzehe
350 g Kartoffeln
1 EL Olivenöl
750 ml Gemüsebrühe
500 g Spinat
2 EL Sesam
100 g Räucherlachs
250 ml Hafercreme
Salz
schwarzer Pfeffer
1 Msp. Muskatpulver
2 EL Zitronensaft

Zubereitung

1 Zwiebeln und Knoblauch abziehen und würfeln. Kartoffeln schälen und würfeln. Öl in einem Topf erhitzen, Zwiebeln und Knoblauch darin glasig dünsten. Kartoffeln zugeben und kurz mitdünsten. Gemüsebrühe aufkochen und zugedeckt bei mittlerer Hitze 20 Minuten köcheln lassen.

2 Inzwischen den Spinat verlesen, waschen und abtropfen lassen. Sesam in einer Pfanne ohne Fett rösten. Den Räucherlachs in grobe Streifen schneiden.

3 Die Suppe mit dem Stabmixer pürieren. Den Spinat untermischen und 2 Minuten kochen, dann erneut pürieren. Die Hafercreme unter die Suppe rühren.

4 Mit Salz, Pfeffer, Muskat und Zitronensaft würzen. Die Suppe auf Teller verteilen und mit Räucherlachs und Sesam garnieren.

Scharfe Linsensuppe

Reich an Ballaststoffen

Zubereitungszeit: 40 Minuten
Eine Portion enthält: 340 kcal (1400 kJ), 22 g E, 2 g F, 54 g KH

Zutaten für 2 Portionen

1 große Kartoffel
2 Möhren
1 Zwiebel
1 rote Paprika
1 Knoblauchzehe
1 Chili
3 EL Olivenöl
200 g gehackte Tomaten (Dose)
2 TL rosenscharfes Paprikapulver
150 g rote Linsen
600 ml Gemüsebrühe
3 EL Zitronensaft
Salz
schwarzer Pfeffer
etwas brauner Zucker

Zubereitung

1 Kartoffel, Möhren, Zwiebel und Knoblauch schälen. Die Kartoffel würfeln schneiden, Möhren, Paprika und Zwiebel in mundgerechte Stücke oder Scheiben schneiden. Knoblauch und Chili fein hacken.

2 Olivenöl in einem Topf erhitzen. Die Zwiebel dazugeben und glasig anschwitzen. Knoblauch, Chili, Tomaten, Paprika, Möhren, Kartoffel, etwas Paprikapulver und Linsen hinzugeben. Alles etwa 3–5 Minuten köcheln.

3 Die Gemüsebrühe hinzufügen und 15 Minuten köcheln lassen, bis die Linsen gar sind. Die Suppe mit einem Stabmixer pürieren. Mit Salz, Pfeffer und Zitronensaft sowie nach Belieben mit einer Prise Zucker abschmecken.

VARIANTE Wenn ich keine Zitrone im Haus habe, koche ich auch gerne einen säuerlichen Apfel in der Suppe mit.

Bohnen-Tomaten-Eintopf

Reich an Ballaststoffen

Zubereitungszeit: 45 Minuten
Eine Portion enthält: 230 kcal (980 kJ), 14 g E, 1 g F, 40 g KH

Zutaten für 4 Portionen

4 große Kartoffeln
2 große Möhren
1 Stange Lauch
4 Knoblauchzehen
800 g weiße Bohnen (Dose)
400 g geschälte Tomaten (Dose)
1 TL gekörnte Gemüsebrühe
2 EL getrocknete italienische Kräuter
2 Lorbeerblätter
Salz
schwarzer Pfeffer
einige Spritzer Tabasco

Zubereitung

1 Kartoffeln und Möhren waschen, schälen und würfeln. Den Lauch waschen, putzen und in Ringe schneiden. Den Knoblauch abziehen und fein hacken.

2 Die Bohnen abgießen und mit den Tomaten in einen Topf geben. Kartoffeln, Lauch und Knoblauch hinzugeben und das Ganze zum Kochen bringen. Mit Gemüsebrühe, italienischen Kräutern und Lorbeerblättern würzen und alles etwa 20 Minuten köcheln lassen, bis die Kartoffelwürfel gar sind.

3 Zum Schluss die Lorbeerblätter entfernen und mit Salz, Pfeffer und Tabasco abschmecken.

TIPP Ich kaufe alle Hülsenfrüchte getrocknet. Mit einem Schnellkochtopf koche ich eine größere Menge Bohnen vor. Reste friere ich dann für das nächste Mal ein.

Winter-Minestrone

Reich an Polyphenolen

Zubereitungszeit: 45 Minuten
Eine Portion enthält: 410 kcal (1715 kJ), 15 g E, 4 g F, 55 g KH

Zutaten für 4 Portionen

1 Zwiebel
1 Stange Lauch
300 g Möhren
1 gelbe Paprika
300 g Grünkohl
3 Zweige Petersilie
1 Zweig Thymian
1 Zweig Rosmarin
1 Lorbeerblatt
4 Tomaten
2 EL Olivenöl
1 l Gemüsebrühe
200g TK-Erbsen
200 g Gerstengraupen
Salz
schwarzer Pfeffer
Paprikapulver edelsüß
2 EL Tomatenmark

Zubereitung

1 Die Zwiebel schälen und fein hacken. Den Lauch putzen, waschen und in Ringe schneiden. Möhren und Paprika waschen, putzen und in mundgerechte Stücke schneiden. Den Grünkohl waschen, abtropfen lassen und in mundgerechte Stücke zupfen.

2 Petersilie, Thymian, Rosmarin waschen, trocken tupfen und mit dem Lorbeerblatt zusammenbinden.

3 Die Tomaten waschen, über Kreuz einritzen, kurz überbrühen, abschrecken und häuten. Tomaten vierteln, die Stielansätze herausschneiden und in kleine Würfel schneiden.

4 Das Öl in einem großen Topf erhitzen, Zwiebel und Lauch darin andünsten. Die Möhren und Paprikastücke und das Kräutersträußchen dazugeben und andünsten. Mit der Gemüsebrühe ablöschen. Den Grünkohl und die Graupen hinzugeben und den Eintopf bei mittlerer Hitze etwa 20 Minuten garen.

5 Zum Schluss die Tomatenwürfel und Erbsen darin erwärmen, die Gewürzsträußchen entfernen. Den Eintopf mit Salz, Pfeffer, Paprika sowie Tomatenmark abschmecken.

Miso-Ramen mit Hack und Pak Choi

Entzündungshemmend

+ Pflanzenheilkraft

Zubereitungszeit: 50 Minuten
Eine Portion enthält: 580 kcal (2470 kJ), 36 g E, 35 g F, 34 g KH

Zutaten für 4 Portionen

4 EL Sesam
3 cm frischer Ingwer
2 Knoblauchzehen
2 EL Sesamöl
5 EL Misopaste
8 EL Sojasoße
600 g Pak Choi
2 EL Rapsöl
400 g Hackfleisch vom Rind
Salz
2 Eier
400 g vorgekochte Ramen-Nudeln
2 Frühlingszwiebeln

Zubereitung

1 Den Sesam in einer Pfanne ohne Fett anrösten und beiseitestellen. Ingwer und Knoblauch schälen und fein hacken. Das Sesamöl in einem Topf erhitzen und Ingwer und Knoblauch darin unter Rühren andünsten. Misopaste und 7 EL Sojasoße zugeben und weitere 2 Minuten unter Rühren dünsten, bis eine dicke Paste entsteht.

2 Pak Choi putzen, waschen und in 1 cm breite Streifen schneiden. 1 EL Rapsöl in einer Pfanne erhitzen und den Pak Choi darin unter Rühren etwa 2 Minuten bei mittlerer Hitze andünsten. Mit 1 EL Sojasoße ablöschen und beiseitestellen.

3 1 EL Rapsöl in die Pfanne geben und das Hack darin scharf anbraten, dabei nur grob mit dem Pfannenwender zerstoßen. Mit einem Drittel der Miso-Soja-Paste würzen und weiterbraten. Mit Salz abschmecken und beiseitestellen.

4 Für die Misobrühe 1,2 l kochendes Wasser zu der restlichen Miso-Soja-Paste in den Topf geben und gut verrühren, gegebenenfalls etwas salzen.

5 Die Eier 6 Minuten kochen, pellen und halbieren. Die Ramen nach Packungsanweisung gar kochen und abgießen. Die Frühlingszwiebeln waschen, putzen und in sehr feine Ringe schneiden.

6 Die Nudeln auf vier Suppenschalen verteilen, mit der Misobrühe aufgießen. Pak Choi, Hack und jeweils ein halbes Ei verteilen. Die Suppe mit Frühlingszwiebeln und Sesam bestreut servieren.

Mediterraner Gemüseeintopf

Reich an Ballaststoffen

Zubereitungszeit: 40 Minuten
Eine Portion enthält: 310 kcal (1300 kJ), 13 g E, 12 g F, 36 g KH

Zutaten für 4 Portionen

200 g Stangenbohnen (TK)
400 g Kartoffeln
2 Möhren
1 Zwiebel
800 ml Gemüsebrühe
100 g rote Linsen
1 gelbe Paprika
4 Tomaten
3 EL Pesto
4 EL frisch geriebener Parmesan

Zubereitung

1 Die Bohnen antauen und in mundgerechte Stücke schneiden. Kartoffeln waschen, schälen und in 1 cm große Würfel schneiden. Die Möhren waschen, putzen und in dünne Scheiben schneiden. Die Zwiebel schälen und fein hacken.

2 Bohnen und Kartoffeln in der Gemüsebrühe 10 Minuten garen. Möhren, Zwiebel und rote Linsen hinzufügen und weitere 10 Minuten garen.

3 Die Paprikaschote waschen, putzen und fein würfeln. Die Tomaten waschen und würfeln. Beides in den Eintopf geben und weitere 5 Minuten garen. Zum Schluss das Pesto unterziehen und abschmecken.

4 Den Eintopf in vier tiefe Teller geben und mit Parmesan bestreut servieren.

ERNÄHRUNGSTIPP Wenn Sie Ihr Essverhalten ändern möchten, legen Sie am besten einmal die Woche einen Eintopftag ein. Das bedeutet jede Menge Gemüse für Sie!

Marokkanischer Gemüseeintopf

Entzündungshemmend

Zubereitungszeit: 60 Minuten
Eine Portion enthält: 250 kcal (1030 kJ), 11 g E, 11 g F, 26 g KH

Zutaten für 4 Portionen

2 Schalotten
2 Knoblauchzehen
2 EL Olivenöl
600 g Gemüse (z. B. Möhren, Kürbis, Zucchini)
1–2 TL Harissa
½ TL Zimt
½ TL gemahlener Koriander
½ TL gemahlener Kreuzkümmel
½ TL geräuchertes Paprikapulver
400 g stückige Tomaten (Dose)
400 ml Gemüsebrühe
400 g Kichererbsen (Dose/Glas)
½ Bund glatte Petersilie
Salz
schwarzer Pfeffer

Zubereitung

1 Schalotten und Knoblauch abziehen. Die Schalotten in Streifen schneiden, den Knoblauch mit der flachen Seite eines Messers andrücken. Das Gemüse waschen, putzen und in 1 cm große Würfel schneiden.

2 Das Olivenöl in einem Topf erhitzen, Schalotten und Knoblauch darin bei milder Hitze 3 Minuten anschwitzen. Das Gemüse hinzufügen und weitere 2 Minuten anbraten.

3 Harissa, Zimt, Koriander, Kreuzkümmel und Paprikapulver dazugeben und unter Rühren kurz anschwitzen. Die stückigen Tomaten sowie die Gemüsebrühe dazugeben und unterrühren, etwa 25 Minuten köcheln lassen.

4 Die Kichererbsen abgießen, abspülen, dazugeben und weitere 20 Minuten garen. Inzwischen die Petersilie waschen und trocken schütteln, die Blättchen abzupfen und fein hacken.

5 Den Eintopf kräftig mit Salz und Pfeffer abschmecken. Auf vier Teller verteilen und mit Petersilie bestreuen.

GEWÜRZ-GEHEIMTIPP Geräuchertes oder „smoked" Paprikapulver ist ein Geheimtipp in der Gewürzküche, aromatisch und sehr intensiv. Neben den süßlichen und leicht scharfen Paprika-Nuancen enthält es ein feines Raucharoma, das für einen herzhaften Geschmack sorgt.

HAUPTGERICHTE

Spaghetti mit veganer Bolognese

Reich an Ballaststoffen

Zubereitungszeit: 40 Minuten
Quellzeit: 60 Minuten
Eine Portion enthält: 545 kcal (2280 kJ), 26 g E, 7 g F, 92 g KH

Zutaten für 4 Portionen

120 g feines Sojagranulat
350 ml Gemüsebrühe
3 Möhren
1 Zwiebel
1 Knoblauchzehe
2 EL Olivenöl
400 g Dinkel-Spaghetti
2 EL Tomatenmark
400 g stückige Tomaten
200 ml passierte Tomaten
1 EL Tomatenmark
½ EL getrockneter Oregano
½ EL getrocknetes Basilikum
1 TL brauner Zucker
Salz, schwarzer Pfeffer
1 Handvoll frisches Basilikum
4 EL frisch geriebener Parmesan

Zubereitung

1 Das Sojagranulat in einer Schüssel mit heißer Gemüsebrühe bedecken und etwa 1 Stunde stehen lassen. Möhren waschen, schälen und grob raspeln. Zwiebel und Knoblauch abziehen und fein hacken. Sojagranulat in einem feinen Sieb abgießen und abtropfen lassen.

2 In einer großen Pfanne Öl erhitzen und das Sojagranulat zusammen mit Zwiebel und Knoblauch 5 Minuten anbraten. Die Hitze reduzieren, die geraspelten Möhren hinzugeben und weitere 5 Minuten braten. Die Spaghetti nach Packungsanleitung in leicht gesalzenem Wasser kochen.

3 Stückige und passierte Tomaten sowie Tomatenmark zur Soße geben und mindestens 15 Minuten auf kleiner Hitze köcheln lassen. Oregano und Basilikum dazugeben und die Bolognese mit Zucker, Salz und Pfeffer abschmecken. Basilikum waschen, trocken tupfen und in mundgerechte Blättchen zupfen.

4 Die Spaghetti mit Bolognese und Parmesan bestreuen und mit Basilikum dekorieren.

Tagliatelle mit Tomaten-Kürbis-Soße

Reich an Polyphenolen

Zubereitungszeit: 40 Minuten
Eine Portion enthält: 480 kcal (2010 kJ), 14 g E, 15 g F, 72 g KH

Zutaten für 4 Portionen

450 g Hokkaidokürbis
2 Zwiebeln
2 Knoblauchzehen
3 EL Rapsöl
1 TL Honig
1–2 TL Kurkumapulver
400 ml passierte Tomaten
400 g stückige Tomaten (Dose)
320 g Dinkel-Tagliatelle
Salz
schwarzer Pfeffer
1 Bund Basilikum
2 EL Walnussöl

Zubereitung

1 Den Kürbis waschen, die Kerne entfernen, in grobe Stücke schneiden und raspeln. Zwiebeln und Knoblauch abziehen und fein würfeln und in 1 EL Öl glasig dünsten. Die Kürbisraspeln hinzugeben und anschwitzen, mit Honig und Kurkuma abschmecken.

2 Pürierte und stückige Tomaten hinzugeben und alles 10 Minuten köcheln lassen. Die Tagliatelle nach Packungsanleitung kochen.

2 Die Soße etwas einkochen lassen, kräftig mit Salz, Pfeffer und Kurkuma abschmecken. Zum Schluss die Basilikumblätter unterheben. Die Soße auf den Nudeln servieren und mit Walnussöl beträufeln.

SPARTIPP Preiswert und gesund: Das ist kein Widerspruch. Dieses Gericht ist reich an sekundären Pflanzenstoffen und äußerst preiswert.

Zucchini-Nudeln mit Avocado-Basilikum-Pesto

Reich an Polyphenolen

+ Pflanzenheilkraft

Zubereitungszeit: 50 Minuten
Eine Portion enthält: 540 kcal (2390 kJ), 15 g E, 40 g F, 37 g KH

Zutaten für 4 Portionen

4 Zucchini
Salz
2 Knoblauchzehen
2 Avocados
2 Handvoll Basilikumblätter
4 EL Sonnenblumenkerne
6 EL Olivenöl
1 Msp. Muskatpulver
schwarzer Pfeffer
100 g getrocknete Tomaten in Öl (Glas)
4 EL frisch geriebener Parmesan

Zubereitung

1 Die Zucchini mithilfe eines Spiralschneiders in Spaghetti schneiden. 1 TL Salz hinzufügen und vorsichtig einkneten, 20 Minuten ziehen lassen.

2 Den Knoblauch 1 Minute in kochendem Wasser blanchieren, dann die Haut abziehen. Die Avocados halbieren, den Stein entfernen und das Fruchtfleisch herauslösen. Avocados, Knoblauch, Basilikum, Sonnenblumenkerne und 4 EL Öl, Muskat, 1 TL Salz und Pfeffer zusammengeben und pürieren.

3 Die Tomaten abtropfen und klein würfeln. Die Zucchininudeln vorsichtig auspressen und in 2 EL Öl anbraten, das Pesto darunterrühren und zum Schluss mit Tomatenwürfeln und Parmesan bestreuen.

Kartoffel-Pilz-Pfanne

Reich an Ballaststoffen

+ Pflanzenheilkraft

Zubereitungszeit: 40 Minuten
Eine Portion enthält: 315 kcal (1320 kJ), 11 g E, 11 g F, 41 g KH

Zutaten für 4 Portionen

500 g Pilze (z. B. Pfifferlinge und Champignons)
2 Zwiebeln
2 Knoblauchzehen
1 kg Kartoffeln
4 EL Rapsöl
Salz
schwarzer Pfeffer
1 Msp. Muskatpulver
250 ml Gemüsebrühe
50 ml trockener Weißwein
6–10 Zweige glatte Petersilie

Zubereitung

1 Die Pilze putzen und halbieren. Zwiebeln und Knoblauch abziehen und fein hacken. Die Kartoffeln schälen und klein würfeln.

2 Das Öl in einer großen Pfanne erhitzen, die Kartoffeln darin goldbraun anbraten. Pilze, Zwiebeln und Knoblauch hinzufügen, andünsten und mit Salz, Pfeffer und Muskat würzen.

3 Mit Gemüsebrühe und Weißwein ablöschen, aufkochen und kurz köcheln lassen. Die Petersilie waschen und trocken tupfen, etwas zum Garnieren beiseitestellen; fein hacken und unterrühren. Die Kartoffelpfanne mit Petersilie garnieren.

Kürbis-Gnocchi in Tomatensoße

Entzündungshemmend

+ Pflanzenheilkraft

Zubereitungszeit: 60 Minuten
Backzeit: 70 Minuten
Eine Portion enthält: 490 kcal (2040 kJ), 17 g E, 23 g F, 52 g KH

Zutaten für 4 Portionen

550 g Muskatkürbis (nach dem Putzen gewogen)
250 g mehlig kochende Kartoffeln
5 EL Olivenöl
2 Knoblauchzehen
1 klein rote Chilischote
400 g gehackte Tomaten (Dose)
4 EL Tomatenmark
Salz, schwarzer Pfeffer
75 g Dinkel-Vollkornsemmelbrösel
100 g Dinkelmehl, Type 630
2 Eigelb
4 EL frisch geriebener Parmesan
1 TL brauner Zucker
1 Handvoll Basilikumblättchen

Außerdem

Alufolie
Kartoffelpresse

Zubereitung

1 Den Backofen auf 160 °C Ober- und Unterhitze vorheizen. Den Kürbis schälen, entkernen und in dicke Scheiben schneiden. Die Kartoffeln schälen und ebenfalls in dicke Stücke schneiden. Beides mit 3 EL Olivenöl beträufeln und auf ein tiefes Backblech geben. Mit Alufolie abdecken und etwa 60 Minuten backen.

2 Inzwischen den Knoblauch abziehen und fein hacken. Die Chilischote waschen, putzen und fein würfeln. Das restliche Öl in einen Topf erhitzen und Knoblauch und Chili andünsten. Tomaten dazugeben und alles 10 Minuten einkochen lassen. Das Tomatenmark unterrühren und mit Salz, Pfeffer und Zucker abschmecken.

3 Kürbis und Kartoffeln durch eine Presse drücken. Semmelbrösel, Mehl, Eigelb und Parmesan dazugeben und zu einem Teig verkneten. Mit Salz würzen.

4 Den Gnocchiteig in vier Portionen teilen, auf einer bemehlten Arbeitsfläche zu Rollen formen und je in etwa 2 cm lange Stücke schneiden. Die Stücke mit einer Gabel eindrücken, damit das typische Muster entsteht. Gnocchi in leicht gesalzenem Wasser etwa 3 Minuten garen. Herausnehmen und abtropfen lassen.

5 Die Gnocchi mit der Tomatensoße vermengen, in eine feuerfeste Form geben und im Backofen bei 200 °C Ober- und Unterhitze etwa 10 Minuten backen. Mit Basilikum dekorieren.

Wirsingauflauf mit Räuchertofu

Reich an Polyphenolen

+ Pflanzenheilkraft

Zubereitungszeit: 60 Minuten
Backzeit: 50 Minuten
Eine Portion enthält: 330 kcal (1390 kJ), 23 g E, 16 g F, 24 g KH

Zutaten für 4 Portionen

1 Wirsing (ca. 1 kg)
Salz
2 Dinkelbrötchen
200 g Räuchertofu
1 Zwiebel
3 EL Rapsöl
150 ml Gemüsebrühe
3 Eier
schwarzer Pfeffer
1 Msp. Muskatpulver

Außerdem
Auflaufform

Zubereitung

1 Den Wirsing putzen. Sechs schöne Außenblätter ablösen und die dicken Blattrippen flach schneiden. In Salzwasser etwa 3 Minuten bissfest garen und abtropfen lassen.

2 Den übrigen Wirsing vierteln, den Strunk herausschneiden und die Blätter in 1 cm breite Streifen schneiden. Die Brötchen würfeln, Tofu fein würfeln.

3 Die Zwiebel abziehen, fein würfeln und in 2 EL Rapsöl glasig dünsten. Den Wirsing kurz mitdünsten, die Gemüsebrühe angießen und zugedeckt 10 Minuten schmoren und abkühlen lassen. Die Eier verquirlen.

4 Die Auflaufform einfetten. Die Wirsingblätter so auslegen, dass sie den Auflauf später komplett umschließen. Den Ofen auf 200 °C vorheizen.

5 Die lauwarme Wirsingmasse mit den verquirlten Eiern, Brötchen- und Tofuwürfeln vermengen. Mit Salz, Pfeffer und Muskat abschmecken und in die Auflaufform geben. Die Wirsingblätter darüberklappen und mit dem restlichen Rapsöl bestreichen. Etwa 50 Minuten auf mittlerer Schiene garen.

Kartoffelbratlinge im Sesammantel

Reich an Polyphenolen

+ Pflanzenheilkraft

Zubereitungszeit: 40 Minuten
Eine Portion enthält: 570 kcal (2390 kJ), 15 g E, 40 g F, 37 g KH

Zutaten für 4 Portionen

800 g gekochte Kartoffeln vom Vortag
400 g Möhren
2 kleine Zwiebeln
120 g Sahne, 30 % Fett
4 Eier
Salz, schwarzer Pfeffer
1 Msp. Muskatpulver
2 EL Sesamsamen
6 EL Rapsöl

Zubereitung

1 Die Kartoffeln durch die Kartoffelpresse drücken. Die Möhren waschen, putzen und sehr fein raspeln. Die Zwiebeln schälen und ganz fein hacken. Beides zur Kartoffelmasse geben, 80 g Sahne und die Eier hinzufügen. Mit Salz, Pfeffer und Muskat kräftig würzen. Alles gut vermengen, sodass ein Kloß entsteht. Daraus acht etwa 6 cm breite und 1–2 cm dicke Bratlinge formen.

2 Die restliche Sahne in einen flachen Teller gießen, die Sesamsamen auf einen anderen Teller geben. Die Bratlinge zuerst in der Sahne, dann in den Sesamsamen wenden.

3 Das Öl in einer beschichteten Pfanne erhitzen und die Bratlinge von beiden Seiten goldbraun braten.

One-Pot-Pasta mit Linsen und Blumenkohl

Reich an Ballaststoffen

+ Pflanzenheilkraft

Zubereitungszeit: 40 Minuten
Eine Portion enthält: 445 kcal (1860 kJ), 21 g E, 9 g F, 70 g KH

Zutaten für 4 Portionen

1 rote Zwiebel
½ Blumenkohl
2–3 EL Olivenöl
120 g Berglinsen
4 EL Ajvar (Glas)
300 g Dinkel-Penne
800 ml Gemüsebrühe
Salz, schwarzer Pfeffer
1 Msp. Chilipulver
1 Kästchen Kresse

Zubereitung

1 Die Zwiebel abziehen und in dünne Streifen schneiden. Den Blumenkohl waschen, putzen, in Röschen brechen und grob hacken.

2 Das Öl in einem Topf erhitzen, Zwiebel und Blumenkohl darin unter Rühren 2–3 Minuten anrösten. Linsen, Ajvar und Nudeln zugeben. Die Gemüsebrühe angießen, alles aufkochen und unter gelegentlichem Rühren bei mittlerer Hitze 10 Minuten köcheln lassen.

3 Den Nudeltopf mit Salz, Pfeffer und Chili würzen. Den Herd ausschalten und den Topf noch 5 Minuten ziehen lassen. Auf vier Tellern verteilen und mit Kresse bestreuen.

VARIANTE Anstelle von Blumenkohl können Sie auch 750 g Brokkoli verwenden.

Gemüsegratin à la Provence

Reich an Polyphenolen

Zubereitungszeit: 40 Minuten
Backzeit: 35 Minuten
Eine Portion enthält: 210 kcal (885 kJ), 9 g E, 15 g F, 9 g KH

Zutaten für 4 Portionen

1 kleine Zwiebel
2 Knoblauchzehen
4 EL Olivenöl
100 ml Tomatensaft
50 ml Gemüsebrühe
Salz, schwarzer Pfeffer
½ TL brauner Zucker
2 EL Zitronensaft
2 Fleischtomaten
1 gelbe und 1 grüne Zucchini
1 Aubergine
6 EL frisch geriebener Parmesan
1 Handvoll Basilikumblätter
Außerdem
Auflaufform

Zubereitung

1 Zwiebel und Knoblauch abziehen und fein würfeln. 2 EL Öl in einem Topf erhitzen, Zwiebel und Knoblauch darin bei mittlerer Hitze andünsten. Tomatensaft und Gemüsebrühe zugießen, aufkochen und mit Salz, Pfeffer, Zucker und Zitronensaft abschmecken. Die Hälfte der Soße in eine ofenfeste Form geben.

2 Die Tomaten putzen, waschen, Stielansätze herausschneiden und in 0,5 cm dünne Scheiben schneiden. Zucchini und Aubergine putzen, waschen und ebenso dünn schneiden. Die Gemüsescheiben mit Salz und Pfeffer würzen, abwechselnd aneinanderreihen und leicht aufgefächert in die Auflaufform setzen. Den Backofen auf 200 °C vorheizen.

3 Die restliche Soße darüber verteilen und alles mit Parmesan bestreuen. Das Gratin etwa 35 Minuten backen. Vor dem Servieren mit Basilikumblättchen bestreuen.

Haferflockenbratlinge auf Ratatouille

Reich an Ballaststoffen

Zubereitungszeit: 40 Minuten
Eine Portion enthält: 570 kcal (2390 kJ), 15 g E, 40 g F, 37 g KH

Zutaten für 4 Portionen

450 ml Gemüsebrühe
160 g großblättrige Haferflocken
8 EL fein gehackte Petersilie
schwarzer Pfeffer
1 Zwiebel
120 g Stangensellerie
300 g Möhren
4 EL Rapsöl
2 EL Dinkelvollkornmehl
4 EL Vollkornsemmelbrösel
je 1 rote und gelbe Paprika
1 Zucchini
1 kleine Aubergine
250 g Tomaten
2 EL Olivenöl
Salz
weißer Pfeffer
1 TL Kräuter der Provence
2 Knoblauchzehen

Zubereitung

1 Die Gemüsebrühe zum Kochen bringen. Haferflocken in eine Schüssel geben, mit der Gemüsebrühe übergießen, Petersilie und Pfeffer zufügen und 15 Minuten quellen lassen.

2 Die Zwiebel abziehen und fein hacken. Sellerie und Möhren waschen bzw. putzen, klein würfeln. Die Möhren schälen und fein raspeln. Die Hälfte der Zwiebel und das Gemüse in 1 EL Öl andünsten und zusammen mit dem Dinkelvollkornmehl und den Semmelbröseln zu den Haferflocken geben.

3 Aus der Masse ovale Bratlinge formen und in einer beschichteten Pfanne im restlichen Öl auf jeder Seite 5 Minuten goldbraun und knusprig braten.

4 Für das Ratatouille Paprika, Zucchini, Aubergine und Tomaten waschen, trocken tupfen und alles in mundgerechte Stücke schneiden. Olivenöl erhitzen und zuerst den Rest der Zwiebel, dann das restliche Gemüse dazugeben.

5 Mit Salz, Pfeffer und Kräutern der Provence würzen und bei reduzierter Hitze kochen. Den Knoblauch abziehen und fein hacken und hinzufügen. Die Ratatouille auf Teller verteilen und die Haferflockenbratlinge daraufsetzen.

Kartoffel-Zucchini-Rösti

Reich an Ballaststoffen

Zubereitungszeit: 45 Minuten
Eine Portion enthält: 670 kcal (2880 kJ), 12 g E, 41 g F, 67 g KH

Zutaten für 4 Portionen

800 g Kartoffeln
1–2 Zucchini
Salz, schwarzer Pfeffer
Paprikapulver edelsüß
8 EL Rapsöl

Zubereitung

1 Die Kartoffeln schälen und in eine Schüssel reiben. Die Zucchini ebenfalls reiben und dazugeben. Die Masse mit Salz, Pfeffer und Paprika würzen und etwa 5 Minuten stehen lassen.

2 Etwas Öl in eine Pfanne geben und bei mittlerer Stufe erhitzen. Die Röstimasse sehr gut ausdrücken. Handtellergroße Rösti formen und in die Pfanne geben lassen. Bei mittlerer Hitze von beiden Seiten etwa 5–10 Minuten braten.

SERVIERTIPP Dazu einen der Dips von den Seiten 82–91 reichen.

SUPERFOOD KARTOFFEL Kartoffeln sind gesund und kalorienarm, außerdem sind sie reich an Vitaminen und Mineralstoffen. Die Knollen können aber noch mehr: Da sie außerdem glutenfrei sind, eignen sie sich perfekt für die Ernährung bei einer Glutenunverträglichkeit. Kartoffeln sind außerdem reich an Ballaststoffen: Pro durchschnittlich großer Kartoffel (90 Gramm) sind über zwei Gramm davon enthalten. Sie enthalten vor allem wasserunlösliche Ballaststoffe. Diese quellen im Darm auf, regen diesen zu mehr Bewegung an und beugen somit Verstopfung vor. Zudem machen diese Ballaststoffe lange satt. Das ist wichtig, wenn Sie ein paar Pfunde abnehmen möchten.

Gebratener Lachs mit Kräuter-Joghurt-Soße

Reich an Probiotika

Zubereitungszeit: 30 Minuten
Eine Portion enthält: 430 kcal (1820 kJ), 33 g E, 32 g F, 5 g KH

Zutaten für 4 Portionen

½ Bund Petersilie
1 Bund Dill
½ Bund Kerbel
½ Bund Schnittlauch
3 EL Leinöl
150 Naturjoghurt, 1,5 % Fett
150 g saure Sahne
1 EL Zitronensaft
Salz
schwarzer Pfeffer
4 Lachsfilets à 125 g
1 EL Olivenöl

Zubereitung

1 Die Kräuter abspülen, trocken schütteln und vier Spitzen vom Dill für die Garnitur beiseitelegen. Von Petersilie, Kerbel und Dill die Blättchen abzupfen und grob hacken, den Schnittlauch in Röllchen schneiden. Die zerkleinerten Kräuter mit Leinöl, Joghurt und saurer Sahne in ein hohes Gefäß geben und mit einem Stabmixer pürieren.

2 Zitronensaft unter die Kräutersoße rühren und mit Salz und Pfeffer abschmecken.

3 Die Lachsfilets abspülen, trocken tupfen, salzen und pfeffern. Das Olivenöl in einer Pfanne erhitzen, die Lachsfilets mit der Hautseite nach unten hineingeben und bei mittlerer Hitze 4–5 Minuten braten. Die Lachsfilets wenden und weitere 1–2 Minuten braten.

4 Die Kräutersoße über den Lachs geben, mit den Dillspitzen garnieren und servieren.

Fruchtiger Kurkuma-Lachs mit Reis

Entzündungshemmend

+ Pflanzenheilkraft

Zubereitungszeit: 45 Minuten
Eine Portion enthält: 610 kcal (2560 kJ), 35 g E, 28 g F, 55 g KH

Zutaten für 4 Portionen

400 g frische Ananas
1 rote Paprika
1 grüne Paprika
1 cm frischer Ingwer
4 EL Rapsöl
Salz
1 Msp. Chilipulver
200 g Jasminreis
4 Lachsfilets à 150 g
1 Msp. Kurkumapulver
schwarzer Pfeffer
½ Bund Frühlingszwiebeln
1–2 Knoblauchzehen
1 EL Sesamöl

Zubereitung

1 Die Ananas schälen und das Fruchtfleisch würfeln. Die Paprika waschen, trocken tupfen, putzen und in Würfel schneiden. Den Ingwer schälen und fein hacken.

2 2 EL Rapsöl in einen Topf geben, Ananas und Paprika darin bei niedriger Temperatur anbraten und mit Salz und Chili würzen. Den Reis nach Packungsanleitung kochen.

3 Den Backofen auf 180 °C Ober- und Unterhitze vorheizen. Die Lachsfilets abspülen, trocken tupfen und mit der Haut nach unten in eine Auflaufform legen. Kurkuma, restliches Rapsöl, Salz und Pfeffer mischen, die Lachsfilets damit bestreichen und etwa 12–15 Minuten im Ofen backen.

4 Inzwischen die Frühlingszwiebeln waschen und in Ringe schneiden, den Knoblauch schälen und klein schneiden. Beides in Sesamöl anbraten, dann unter den Reis mischen. Den Reis auf Teller verteilen, die Lachsfilets daraufsetzen und die Ananas-Paprika-Beilage darauf verteilen.

Lachs mit Spargelduett

Reich an Omega-3-Fettsäuren

Zubereitungszeit: 45 Minuten
Eine Portion enthält: 510 kcal (2140 kJ), 52 g E, 29 g F, 8 g KH

Zutaten für 4 Portionen

1 kg weißer Spargel
500 g grüner Spargel
1 TL brauner Zucker
Salz
1 TL Butter
1 EL Olivenöl
4 Lachsfilets à 125 g
schwarzer Pfeffer
1 Zitrone
1 Kästchen Kresse

Zubereitung

1 Die weißen Spargelstangen schälen, die grünen Spargelstangen nur im unteren Drittel schälen. Die holzigen Enden abschneiden und den Spargel abspülen.

2 In einem großen Topf Wasser mit Zucker, Salz und Butter zum Kochen bringen. Den weißen Spargel hinzugeben und etwa 18 Minuten garen. Nach 5 Minuten den grünen Spargel hinzugeben.

3 Die Lachsfilets abspülen, trocken tupfen und mit Salz und Pfeffer würzen. Die Zitrone auspressen und die Filets mit dem Saft beträufeln.

4 In einer beschichteten Pfanne Öl erhitzen, die Lachsfilets von beiden Seiten etwa 3–5 Minuten braten. Den Lachs mit dem Spargel auf vorgewärmten Tellern anrichten. Mit Kresse garnieren.

TIPP Dazu passen Jungkartoffeln. Ihre Schale ist sehr dünn und kann problemlos mitgegessen werden – das macht ihren besonderen Geschmack aus.

Einfache Paella

Reich an Polyphenolen

Zubereitungszeit: 40 Minuten
Eine Portion enthält: 510 kcal (2110 kJ), 42 g E, 13 g F, 54 g KH

Zutaten für 4 Portionen

500 g Kabeljau
2 rote Paprika
1 Zwiebel
1 Knoblauchzehe
4 EL Olivenöl
Salz, schwarzer Pfeffer
2 TL Currypulver
200 g Risottoreis
600 ml Geflügelbrühe
250 g TK-Erbsen
1 Zitrone
200 g geschälte Garnelen

Zubereitung

1 Den Fisch waschen, trocken tupfen und in mundgerechte Stücke schneiden. Die Paprika waschen, halbieren, Strunk und Kerne entfernen und würfeln. Zwiebel und Knoblauch abziehen und fein hacken.

2 In einer Pfanne 2 EL Öl erhitzen und die Kabeljaustücke 4 Minuten goldbraun anbraten. Salzen, pfeffern und aus der Pfanne nehmen.

3 In der Pfanne mit 1 EL Öl auf mittlerer Stufe die Paprika mit Zwiebeln und Knoblauch 2 Minuten anbraten. Mit Salz, Pfeffer und Curry würzen. Den Reis hinzugeben, mit Gemüsebrühe auffüllen und 15 Minuten zugedeckt bei kleiner Stufe gar köcheln. Nach 10 Minuten die Erbsen unterheben.

4 Die Zitrone waschen und vierteln. Den Kabeljau und die Garnelen zur Paella geben und weitere 3 Minuten garen, kräftig abschmecken und jeweils mit einem Zitronenviertel auf die Teller verteilt servieren.

Asia-Fisch-Gemüse-Päckchen

Reich an Polyphenolen

+ Pflanzenheilkraft

Zubereitungszeit: 55 Minuten
Eine Portion enthält: 340 kcal (1430 kJ), 32 g E, 21 g F 7 g KH

Zutaten für 4 Portionen

150 g Cocktailtomaten
1 Zucchini
1 gelbe Paprika
3 Frühlingszwiebeln
1 cm Ingwer
1 Knoblauchzehe
4 EL Zitronensaft
4 EL Rapsöl
2 EL Sojasoße
1 TL gekörnte Gemüsebrühe
½ TL Honig
schwarzer Pfeffer
4 Rotbarschfilets à 150 g
Salz
¼ Bund Koriander
3 EL Sesam

Zubereitung

1 Die Tomaten waschen und halbieren, die Zucchini putzen und waschen. Die Paprika längs halbieren und entkernen. Zucchini und Paprika in feine Streifen schneiden.

2 Die Frühlingszwiebeln putzen, waschen und in feine Ringe schneiden. Den Ingwer schälen und fein hacken, den Knoblauch abziehen und fein hacken.

3 Ingwer und Knoblauch mit 3 EL Zitronensaft und Rapsöl in einer kleinen Schüssel zu einer Marinade verrühren. Mit Sojasoße, Gemüsebrühe, Honig und Pfeffer würzen. Den Backofen auf 180 °C Ober- und Unterhitze vorheizen.

4 Die Fischfilets waschen und trocken tupfen, salzen und mit dem restlichen Zitronensaft beträufeln. Jedes Filet auf einen Bogen Alufolie (30 × 20 cm) legen. Das Gemüse und die Marinade auf den Filets verteilen und die Alufolie fest zu Päckchen verschließen. Die Päckchen auf ein Backblech legen und im Ofen 25 Minuten garen.

5 Inzwischen den Koriander waschen, trocken schütteln und grob hacken. Den Sesam in einer Pfanne ohne Fett bei mittlerer Hitze anrösten. Vor dem Servieren die Filets mit Koriandergrün und geröstetem Sesam bestreuen.

Gemüsebowl mit scharfen Putenstreifen

Reich an Probiotika

Zubereitungszeit: 40 Minuten
Marinierzeit: 60 Minuten
Eine Portion enthält: 565 kcal (2370 kJ), 42 g E, 29 g F, 33 g KH

Zutaten für 2 Portionen

250 g Putenbrust
½ Zwiebel
1 Knoblauchzehe
1–2 EL Sriracha-Soße
2 EL Ketchup
2 EL Sonnenblumenkerne
200 g Mais (Dose)
60 g Babyspinat
200 g Gurke
1 rote Paprika
200 g Cocktailtomaten
4 EL Hanföl
150 g Naturjoghurt, 1,5 % Fett
½ Zitrone
Salz
schwarzer Pfeffer
etwas brauner Zucker

Zubereitung

1 Die Putenbrust abbrausen, trocken tupfen und in Streifen schneiden. Zwiebel und Knoblauch abziehen, den Knoblauch fein hacken und die Zwiebel in Streifen schneiden. Puten- und Zwiebelstreifen, Knoblauch, Sriracha-Soße und Ketchup vermengen und 1 Stunde im Kühlschrank durchziehen lassen.

2 Die Sonnenblumenkerne ohne Fett in einer Pfanne rösten und beiseitestellen. Den Mais auf einem Sieb abtropfen lassen. Den Babyspinat waschen, trocken schleudern und verlesen. Die Gurke waschen und grob raspeln, die Paprika waschen, putzen und würfeln. Die Cocktailtomaten waschen und halbieren.

3 Die halbe Zitrone auspressen. Ein Dressing aus 2 EL Hanföl, Joghurt, Zitronensaft, Salz, Pfeffer und Zucker herstellen. Das restliche Öl in einer beschichteten Pfanne erhitzen und die marinierten Putenstreifen von allen Seiten braten.

4 Die Zutaten gleichmäßig auf zwei Bowls verteilen. Das Dressing darübergeben und mit den Sonnenblumenkernen bestreuen.

INFO Sriracha-Soße ist eine nach einer thailändischen Stadt benannte spezielle scharfe Chilisoße. Ihre Schärfe gibt dem Salat das besondere Extra.

Hähnchen aus dem Ofen

Reich an Polyphenolen

+ Pflanzenheilkraft

Zubereitungszeit: 30 Minuten
Backzeit: 60 Minuten
Eine Portion enthält: 710 kcal (2990 kJ), 43 g E, 51 g F, 21 g KH

Zutaten für 4 Portionen

5 EL Olivenöl
Salz
schwarzer Pfeffer
1 TL Paprikapulver edelsüß
4 Hähnchenkeulen
5 mittelgroße Kartoffeln
250 g Champignons
8 Cocktailtomaten
3 Zweige Rosmarin
3 Zweige Thymian

Zubereitung

1 Den Backofen auf 200 °C Ober- und Unterhitze vorheizen. 2 EL Olivenöl mit etwas Salz, Pfeffer und Paprikapulver verrühren.
Die Hähnchenkeulen abspülen und trocken tupfen, mit der Marinade bestreichen und in eine große Auflaufform geben. Im Ofen in 60 Minuten knusprig braten.

2 Die Kartoffeln schälen und in Spalten schneiden. Mit 1 EL Öl vermengen, salzen und nach 25 Minuten Garzeit mit in die Auflaufform geben.

3 Die Pilze putzen und halbieren. Die Tomaten waschen, die Kräuter waschen, trocken schütteln und die Blätter bzw. Nadeln fein hacken. Alles mit dem restlichen Öl vermengen und mit Salz und Pfeffer würzen. Nach insgesamt 30 Minuten Garzeit mit in die Auflaufform geben.

SERVIERTIPP Dazu passt ein Paprikadip (Seite 84) oder Kräuterquark (Seite 89).

Ungarisches Rindergulasch

Reich an Polyphenolen

Zubereitungszeit: 20 Minuten
Schmorzeit: 90 Minuten
Eine Portion enthält: 510 kcal (2140 kJ), 45 g E, 32 g F, 12 g KH

Zutaten für 4 Portionen

600 g Zwiebeln
2 Knoblauchzehen
3 rote Paprika
1 Bund Oregano
3 EL Olivenöl
800 g Rindergulasch
1 Lorbeerblatt
½ EL Paprikapulver edelsüß
½ EL Paprikapulver rosenscharf
1 EL Rauchpaprika
4 EL Tomatenmark
300 ml trockener Rotwein
550 ml Rinderfond/-brühe
1 TL Kümmel
1 Bio-Zitrone
Salz
schwarzer Pfeffer

Außerdem
Küchengarn
Bräter/Schmortopf

Zubereitung

1 Die Zwiebeln abziehen und grob würfeln. Den Knoblauch abziehen und in dünne Scheiben schneiden. Die Paprika entkernen und in Würfel schneiden. Den Oregano waschen und mit Küchengarn zu einem Bündel zusammenbinden.

2 Das Öl in einem Topf erhitzen und die Fleischwürfel etwa 5 Minuten scharf anbraten. Paprika, Zwiebeln und Knoblauch dazugeben und mit anbraten. Das Lorbeerblatt, die Paprikapulver sowie das Tomatenmark dazugeben und 5 Minuten schmoren.

3 Den Topfinhalt mit Rotwein ablöschen und aufkochen. Auf mittlerer Stufe köcheln lassen, bis der Rotwein verkocht ist. Mit Rinderfond oder -brühe aufgießen, sodass alles vollständig bedeckt ist. Das Oreganobündel in den Topf geben, den Deckel schließen und 90 Minuten lang schmoren lassen.

4 Kümmel in einer Pfanne ohne Fett rösten, bis die Samen zu duften beginnen. Im Mörser grob zermahlen. Die Schale der Zitrone fein abreiben und mit dem gerösteten Kümmel unter das Rindergulasch rühren. Aufkochen und mit Salz und Pfeffer abschmecken.

Zitronen-Hähnchen in Fenchelgemüse

Reich an Polyphenolen

Zubereitungszeit: 35 Minuten
Schmorzeit: 40 Minuten
Eine Portion enthält: 475 kcal (1980 kJ), 52 g E, 27 g F, 6 g KH

Zutaten für 4 Portionen

1 Brathähnchen
2 Bio-Zitronen
2 Fenchelknollen mit Grün
16 Cocktailtomaten
1 EL Olivenöl
Salz
weißer Pfeffer
10 Zweige Thymian
1 EL Honig
Außerdem
Bräter/Schmortopf

Zubereitung

1 Das Hähnchen der Länge nach halbieren, abspülen und trocken tupfen. Die Haut mehrmals mit einer Fleischgabel einstechen. Eine Zitrone auspressen und das Hähnchen mit dem Saft beträufeln.

2 Den Fenchel halbieren, putzen und das Grün beiseitelegen. Die zweite Zitrone heiß abspülen, längs halbieren und in Stücke schneiden. Die Tomaten waschen und halbieren. Den Topf mit 1 EL Olivenöl auspinseln.

3 Fenchel, Zitronenstücke und Tomatenhälften in den Topf geben. Die Hähnchenhälften rundum salzen und pfeffern, mit der Haut nach oben auf den Fenchel setzen. Den Thymian abspülen, trocken tupfen und dazugeben.

4 Den Topf schließen und alles bei 200 °C Ober- und Unterhitze 40 Minuten garen. Den Deckel abnehmen und das Hähnchen weitere 15 Minuten braten, damit die Haut knusprig wird.

5 Das Fenchelgrün abspülen, trocken tupfen und hacken. Das Hähnchen vom Gemüse nehmen, das Fenchelgrün unter das Gemüse heben und mit Salz, Pfeffer und Honig abschmecken. Das Hähnchen in vier Portionen teilen und mit dem Fenchelgemüse auf Tellern anrichten.

Rindfleisch-Kichererbsen-Bowl

Reich an Ballaststoffen

+ Pflanzenheilkraft

Zubereitungszeit: 40 Minuten
Eine Portion enthält: 590 kcal (2390 kJ), 15 g E, 40 g F, 37 g KH

Zutaten für 4 Portionen

200 g Kichererbsen (Dose/Glas)
5 Zweige Minze
6 Zweige glatte Petersilie
2 Zwiebeln
6 EL Olivenöl
2 EL Kichererbsenmehl
Salz
schwarzer Pfeffer
250 g Rinderhackfleisch
4 Möhren
½ Gurke
200 g Mais (Dose)
6–8 Cocktailtomaten
200 g Naturjoghurt, 1,5 % Fett
1 EL Curry
1 TL Kurkumapulver
½ TL Honig

Zubereitung

1 Die Kichererbsen abgießen und abspülen, mit einer Gabel zerdrücken. Minze und Petersilie waschen, trocken tupfen und fein hacken. Die Zwiebeln abziehen und würfeln.

2 1 EL Olivenöl in eine Pfanne geben, die Zwiebeln darin glasig dünsten. Petersilie, Minze mit der Zwiebel mischen und abkühlen lassen.

3 Kichererbsen, Kichererbsenmehl, Salz, Pfeffer, Zwiebel-Kräuter-Mischung und Rinderhackfleisch zu einer homogenen Masse verkneten und 10 Minuten durchziehen lassen. Aus der Masse kleine Kugeln formen und in der Pfanne in 2 EL Öl von allen Seiten braten.

4 Die Möhren waschen, schälen und fein raspeln, die Gurke ebenfalls waschen und fein raspeln. Den Mais abtropfen lassen. Die Cocktailtomaten waschen, trocken tupfen und halbieren.

5 Aus dem restlichen Öl, Joghurt, Curry, Kurkuma. Salz, Pfeffer und Honig ein Dressing zubereiten. Die Zutaten auf vier Bowls verteilen und die Rindfleisch-Kichererbsen-Bällchen daraufsetzen.

KUCHEN, KEKSE UND DESSERTS

Schoko-Bananen-Kuchen

Reich an Polyphenolen

Zubereitungszeit: 30 Minuten
Backzeit: 60 Minuten
Ein Stück enthält: 235 kcal (980 kJ), 4 g E, 14 g F, 25 g KH

Zutaten für 24 Stücke

100 g Zartbitterschokolade
220 ml Rapsöl
200 g brauner Zucker
3 Eier (Größe L)
2 EL Kakaopulver
1 TL Zimt
½ TL Nelkenpulver
1 Msp. Muskatpulver
4 Bananen
200 g Dinkelmehl, Type 1050
100 g kleinblättrige Haferflocken
1 Pck. Backpulver
100 g Blockschokolade
1 EL Kokosfett

Außerdem
Springform mit Kranzeinsatz (Ø 28 cm)

Zubereitung

1 Die Zartbitterschokolade fein reiben. Rapsöl und Zucker schaumig rühren, die Eier nach und nach dazugeben. Die Schokoraspeln mit Kakao, Zimt, Nelke und Muskat vermischen und unterrühren.

2 Die Bananen schälen und mit einer Gabel zerdrücken. Das Bananenmus unter den Teig rühren. Mehl, Haferflocken und Backpulver vermischen und ebenfalls unterrühren.

3 Den Backofen auf 175 °C Ober- und Unterhitze vorheizen. Den Teig in eine gefettete Springform geben. Auf mittlerer Schiene etwa 1 Stunde backen.

4 Den Kuchen auf einem Gitter auskühlen lassen. Die Blockschokolade mit Kokosfett schmelzen und den Kuchen damit bestreichen.

Kirsch-Mandel-Kuchen vom Blech

Reich an Omega-3-Fettsäuren

Zubereitungszeit: 25 Minuten
Backzeit: 30 Minuten
Ein Stück enthält: 280 kcal (1170 kJ), 5 g E, 16 g F, 28 g KH

Zutaten für 20 Stücke

2 Gläser Schattenmorellen (à 350 g Abtropfgewicht)
220 ml Rapsöl
210 g brauner Zucker
5 Eier (Größe L)
200 g Dinkelmehl, Type 630
100 g kleinblättrige Haferflocken
1 Pck. Backpulver
100 ml Haferdrink
120 g gehackte Mandeln
Außerdem
Backpapier

Zubereitung

1 Die Schattenmorellen in ein Sieb geben und abtropfen lassen. Rapsöl und Zucker schaumig rühren. Eier nach und nach dazugeben. Mehl, Haferflocken und Backpulver vermischen und ebenfalls unterrühren. Zum Schluss den Haferdrink unterrühren.

2 Den Backofen auf 175 °C Ober- und Unterhitze vorheizen. Den Teig gleichmäßig auf ein mit Backpapier ausgelegtes Backblech verteilen. Kirschen, Mandeln und den restlichen Zucker auf dem Teig verteilen.

3 Auf mittlerer Schiene etwa 30 Minuten backen. Herausnehmen und auskühlen lassen.

VARIATION Bereiten Sie Apfelstückchen aus 1 kg Äpfeln vor. Mischen Sie diese mit 1 TL Zimt und 120 g gehackten Walnüssen und geben Sie sie anstelle der Kirschen und Mandeln auf den Teig.

Apfelstrudel

Reich an Ballaststoffen

Zubereitungszeit: 30 Minuten
Gehzeit: 30 Minuten
Backzeit: 35 Minuten
Ein Stück enthält: 260 kcal (1090 kJ), 4 g E, 9 g F, 41 g KH

Zutaten für 12 Stücke

200 g Dinkelmehl, Type 630
3 EL Rapsöl
Salz
1 Bio-Zitrone
1,2 kg säuerliche Äpfel (z. B. Boskop oder Berlepsch)
50 g Butter
60 g Semmelbrösel
40 g gehobelte Haselnüsse
100 g brauner Zucker
50 g Rosinen
½ TL Zimt
Puderzucker zum Bestäuben

Außerdem

Zestenreißer (oder scharfes Messer)
Backpapier
Nudelholz
Küchenpinsel

Zubereitung

1 Das Mehl in eine Schüssel sieben. In der Mitte eine Mulde formen, Öl und eine Prise Salz hineingeben. Mit den Knethaken des Handrührers alles vermengen und währenddessen langsam so viel lauwarmes Wasser (ca. 100 ml) hinzugießen, bis ein geschmeidiger Teig entsteht.

2 Den Teig aus der Schüssel nehmen und auf einer bemehlten Arbeitsplatte kräftig durchkneten. Dabei den Teig immer wieder auf die Arbeitsplatte schlagen, bis er weich und elastisch ist. Den Teig in zur Kugel rollen und 30 Minuten an einem warmen Ort ruhen lassen.

3 Die Zitrone heiß waschen und die Schale mit einem Zestenreißer dünn abziehen. Die Zitrone auspressen. Die Äpfel waschen, schälen, das Kerngehäuse herausschneiden und die Äpfel in dünne Scheiben schneiden. In einer Schüssel mit dem Zitronensaft mischen.

4 Den Backofen auf 200 °C Ober- und Unterhitze vorheizen. Die Butter zum Bestreichen zerlassen, ein Backblech mit Backpapier auslegen.

5 Die Teigkugel auf ein bemehltes Küchentuch legen und mit dem bemehlten Nudelholz leicht ausrollen. Mit einem Küchenpinsel mit flüssiger Butter bestreichen. Mit den Handrücken unter den Teig fahren und vorsichtig ganz dünn ausziehen.

6 Den Teig nochmals mit flüssiger Butter bestreichen. Semmelbrösel und Haselnüsse auf den Teig streuen, dabei einen Rand von 2 cm rundum freilassen. Zucker, Rosinen, Zimt und Zitronenschale zu den Äpfeln geben, alles vermengen und auf die Semmelbrösel-Nuss-Mischung streuen. Die Ränder über die Füllung schlagen. Mithilfe eines Küchentuchs den Strudel aufrollen und mit der Naht nach unten auf das Backblech legen. Mit der restlichen Butter bepinseln.

7 Den Strudel auf der mittleren Schiene 35 Minuten backen, bis die Oberfläche gebräunt ist. Nochmals mit Butter bestreichen und nach Belieben warm oder kalt servieren. Vor dem Servieren mit Puderzucker bestäuben.

SUPERKORN DINKEL Weizen oder Dinkel? In Punkto Gesundheit liegt Dinkel klar vorne: Er ist reicher an Vitaminen und Mineralstoffen und enthält hochwertigeres Eiweiß.
Dinkelmehl schmeckt nussig und sehr aromatisch. Es gibt helle und dunkle Sorten, damit kann es genauso verwendet werden wie Weizenmehl.

Veganer Marmorkuchen

Reich an Polyphenolen

Zubereitungszeit: 25 Minuten
Backzeit: 45 Minuten
Ein Stück enthält: 250 kcal (1050 kJ), 4 g E, 9 g F, 38 g KH

Zutaten für 10 Stücke

100 g Margarine
180 g brauner Zucker
1 Pck. Vanillezucker
250 g Dinkelmehl, Type 603
1 ½ Packungen Backpulver
200 ml Mandelmilch
3 EL Kakaopulver
Puderzucker

Außerdem

Kastenform (20 cm Länge)

Zubereitung

1 Den Backofen auf 180 °C Ober- und Unterhitze vorheizen, eine Kastenform fetten und mehlen. Margarine, Zucker und Vanillezucker mindestens 5, besser 10 Minuten cremig rühren. Mehl und Backpulver mischen, dann esslöffelweise abwechselnd mit der Mandelmilch unter die Margarine-Zucker-Mischung rühren, sodass ein cremiger Teig entsteht.

2 Die Hälfte des Teiges in die Kastenform füllen. In die andere Hälfte Kakao untermengen und auf den hellen Teig schichten. Mit einer Gabel von oben nach unten einmal spiralförmig durch den Teig quirlen.

3 Den Teig glatt streichen und auf mittlerer Schiene etwa 45 Minuten backen. Mit einem Stäbchen testen, ob der Teig durch ist. Nach Belieben mit Puderzucker bestäuben.

Veganer Käsekuchen mit Seidentofu

Reich an Omega-3-Fettsäuren

Zubereitungszeit: 25 Minuten
Ruhezeit: 30 Minuten
Backzeit: 60 Minuten
Ein Stück enthält: 440 kcal (1980 kJ), 16 g E, 29 g F, 36 g KH

Zutaten für 12 Stücke

250 g Dinkelmehl, Type 1050
1 TL Backpulver
Salz
100 ml Rapsöl
800 g Seidentofu
200 g Naturtofu
240 g Margarine
2 Bio-Zitronen
150 g brauner Zucker
2 Pck. Vanillepuddingpulver

Außerdem

Springform (Ø 28 cm)

Zubereitung

1 Mehl, Backpulver und eine Prise Salz in einer Schüssel vermischen. 3 EL kaltes Wasser und Öl hinzugeben und die Zutaten zu einem Teig verkneten. Als Kugel im Kühlschrank ca. 30 Minuten ruhen lassen.

2 Den Seidentofu gut abtropfen lassen, den Naturtofu sehr fein würfeln. Die Margarine in einem Topf bei niedriger Hitze zum Schmelzen bringen. Zitronen waschen und die Schale abreiben, die Zitronen auspressen. Beide Tofus in eine Schüssel geben und mit einem Handrührgerät cremig rühren.

3 Margarine, Zucker, Zitronensaft und -abrieb nach und nach dazugeben und zum Schluss das Puddingpulver unterrühren. So lange rühren, bis eine cremige Füllung entsteht.

4 Die Springform einfetten. Mit dem Teig die Form auskleiden und dabei einen Rand von 3 cm ziehen. Die Füllung auf den Teig geben und den Kuchen bei 180 °C Ober- und Unterhitze auf mittlerer Schiene im Ofen etwa 1 Stunde backen. Komplett auskühlen lassen und dann erst aus der Form lösen.

Orangen-Quark-Törtchen

Reich an Eiweiß

Zubereitungszeit: 20 Minuten
Backzeit: 25 Minuten
Ein Stück enthält: 260 kcal (1100 kJ), 8 g E, 11 g F, 33 g KH

Zutaten für 12 Stück

3 Orangen (davon 1 Bio-Orange)
400 g Magerquark
150 g saure Sahne
3 Eier
200 g brauner Zucker
Salz
2 EL Speisestärke
1–2 EL Zitronensaft
200 g Filoteig (Kühlregal)
60 g Butter
Puderzucker

Außerdem

Zestenreißer (oder scharfes Messer)
Muffinblech

Zubereitung

1 Die Orangen heiß abbrausen und trocken reiben. Von der Bio-Orange 1–2 EL Schalenstreifen mit einem Zestenreißer abziehen. Die restliche Bio-Schale abreiben. Alle Orangen so dick schälen, dass die weiße Haut mit entfernt wird. Die Filets zwischen den Trennhäuten herausschneiden, den Saft dabei auffangen. Die Filets in 2 cm große Stücke schneiden.

2 Den Quark mit saurer Sahne, Eiern, Zucker und einer Prise Salz glatt rühren. Stärke, Zitronensaft, abgeriebene Orangenschale und Orangensaft unterrühren, die Fruchtstücke unterheben.

3 Die Butter zerlassen, den Backofen auf 180 °C Ober- und Unterhitze vorheizen. Die Filoteigblätter in Quadrate von 15 cm Kantenlänge schneiden, mit der Butter bepinseln. Je 2 Stücke sternförmig übereinanderlegen. Die gefetteten Mulden eines Muffinblechs mit den doppelten Teigblättern auslegen, dabei die Ränder aufstellen.

4 Die Quarkmasse hineingeben und die Törtchen auf mittlerer Schiene im Ofen etwa 25 Minuten backen, bis die Teigspitzen schön gebräunt sind. Abkühlen lassen und mit Puderzucker bestäubt servieren.

Erdbeerkuchen mit veganem Biskuitboden

Reich an Omega-3-Fettsäuren

Zubereitungszeit: 15 Minuten
Backzeit: 30 Minuten
Ein Stück enthält: 220 kcal (910 kJ), 3 g E, 7 g F, 36 g KH

Zutaten für 8 Stück

220 g Dinkelmehl, Type 630
125 g brauner Zucker
15 g Vanillezucker
1 TL Backpulver
50 ml Rapsöl
250 ml Mineralwasser
700 g Erdbeeren
1 Pck. roter Tortenguss
2 EL brauner Zucker

Außerdem

Springform (Ø 22 cm)
Backpapier

Zubereitung

1 Den Backofen auf 180 °C Umluft vorheizen. In einer Schüssel Mehl, Zucker, Vanillezucker und Backpulver vermengen. Öl und Mineralwasser hinzugeben und kurz unterrühren.

2 Eine Springform einfetten, den Boden mit Backpapier auslegen und den Teig hineingeben. Auf mittlerer Schiene etwa 30 Minuten backen. Mit einem Stäbchen testen, ob der Teig durch ist. Vor der Weiterverarbeitung abkühlen lassen.

3 Die Erdbeeren waschen und putzen, große Erdbeeren halbieren oder vierteln. Die Erdbeeren gleichmäßig auf den Boden verteilen.

4 Den Tortenguss mit dem Zucker in 250 ml kalten Wasser auflösen, unter Rühren aufkochen und mit einem Esslöffel gleichmäßig über die Erdbeeren verteilen.

VARIANTEN Diesen veganen Biskuit können Sie auch mit anderen Obstsorten belegen oder für eine Torte weiterverarbeiten. Für das Tiramisu-Rezept auf S. 188 braucht man ihn als Löffelbiskuitersatz.

Vegane Kokos-Minigugelhupfe

Reich an Ballaststoffen

Zubereitungszeit: 25 Minuten
Backzeit: 15 Minuten
Ein Stück enthält: 60 kcal (260 kJ), 1 g E, 3 g F, 7 g KH

Zutaten für 24 Stück

80 g Dinkelmehl, Type 630
10 g Kichererbsenmehl
20 g kleinblättrige Haferflocken
1 TL Backpulver
¼ TL Natron
30 g Kokosraspeln
70 g brauner Zucker
50 ml Rapsöl
125 g Hafercreme

Außerdem
Gugelhupfform mit 24 Vertiefungen

Zubereitung

1 Mehle, Haferflocken, Backpulver, Natron und Kokosraspeln miteinander vermischen.

2 Die Banane schälen und mit einer Gabel zerdrücken. Zucker, Öl und Hafercreme sehr gut mit der Banane verrühren. Die Mehlmischung unterrühren.

3 Den Backofen auf 180 °C Ober- und Unterhitze vorheizen, die Vertiefungen der Gugelhupfform mit etwas Rapsöl einpinseln. Den Teig in die Vertiefungen füllen. Im Ofen auf mittlerer Schiene etwa 15 Minuten backen. Etwas auskühlen lassen, die Gugelhupfe vorsichtig aus den Vertiefungen lösen und auf einem Kuchengitter komplett kalt werden lassen.

Honigspekulatiuswaffeln mit Zimtjoghurt

Reich an Probiotika

Zubereitungszeit: 25 Minuten
Backzeit: 15 Minuten
Ein Stück enthält: 280 kcal (1180 kJ), 7 g E, 17 g F, 25 g KH

Zutaten für 10 Stück

125 ml Rapsöl
6 EL Honig
2 Eier
Salz
125 g Dinkelvollkornmehl
125 g feinblättrige Haferflocken
1 TL Spekulatiusgewürz
1 TL Backpulver
250 ml Milch, 1,5 % Fett
500 g Naturjoghurt, 1,5 % Fett
3 EL Honig
½ TL Zimt

Außerdem

Waffeleisen

Zubereitung

1 Das Öl mit Honig, Eiern und einer Prise Salz schaumig schlagen. Das Mehl mit Haferflocken, Spekulatiusgewürz und Backpulver mischen und im Wechsel mit der Milch unterrühren.

2 Das Waffeleisen vorheizen und einfetten. Die Waffeln goldgelb backen und noch warm servieren.

3 Joghurt mit Honig und Zimt verrühren und jeweils einen Esslöffel auf die Waffeln geben.

SERVIERTIPP Zu den Waffeln schmeckt der Klassiker heiße Kirschen mit Sahne, aber auch Walnusseis mit filetieren Orangen.

Pistazien-Cranberry-Cantuccini

Reich an Ballaststoffen

Zubereitungszeit: 20 Minuten
Backzeit: 35 Minuten
Ein Stück enthält: 100 kcal (420 kJ), 2 g E, 4 g F, 14 g KH

Zutaten für 30 Stück

250 g Dinkelmehl, Type 630
1 TL Backpulver
150 g brauner Zucker
1 Pck. Vanillezucker
Salz
50 g Pistazienkerne
80 g Cranberrys
2 Eier
100 g weiche Butter

Außerdem

Backpapier

Zubereitung

1 Mehl und Backpulver mischen, Zucker mit Vanillezucker und einer Prise Salz mischen. Die Pistazien grob hacken und mit den Cranberrys vermengen.

2 Die Eier mit der Butter schaumig schlagen. Die Zuckermischung dazugeben und weiter schlagen. Nach und nach die Mehlmischung dazugeben und zum Schluss die Pistazien und Cranberrys unterrühren.

3 Den Backofen auf 170 °C Ober- und Unterhitze vorheizen. Ein Backblech mit Backpapier auslegen, den Teig in 3 cm dicke Stangen formen und auf das Blech geben. Im Ofen 15–20 Minuten backen.

4 Die Stangen etwas abkühlen lassen und schräg in etwa 1 cm dicke Scheiben schneiden. Die Kekse nochmals auf das Backblech legen und weitere 15 Minuten backen.

Karamell-Taler

Reich an Ballaststoffen

Zubereitungszeit: 20 Minuten
Kühlzeit: 3 Stunden
Backzeit: 12 Minuten
Ein Stück enthält: 60 kcal (250 kJ), 1 g E, 3 g F, 7 g KH

Zutaten für 45 Stück

200 g Dinkelmehl, Type 630
1 TL Backpulver
200 g Brotaufstrich aus Karamellgebäck (Glas)
75 g weiche Butter
75 g brauner Zucker
Salz
3 EL Milch
100 g Vollmilchkuvertüre
1 Handvoll gehackte Mandeln

Außerdem

Frischhaltefolie
Backpapier

Zubereitung

1 Mehl und Backpulver mischen. 100 g Brotaufstrich mit Butter, Zucker, einer Prise Salz und Milch in eine Rührschüssel geben und zu einer homogenen Masse schlagen. Die Mehlmischung unterkneten.

2 Den Teig zu einer etwa 30 cm langen Rolle formen, in Frischhaltefolie einschlagen und mindestens 3 Stunden oder über Nacht kalt stellen.

3 Ein Backblech mit Backpapier belegen, den Backofen auf 180 °C Ober- und Unterhitze vorheizen.

4 Die Teigrolle in ½ cm dicke Scheiben (etwa 45 Stück) schneiden und auf das Backblech legen, etwa 12 Minuten auf mittlerer Schiene backen. Die Kekse mit dem Backpapier vom Backblech ziehen und auf einem Kuchengitter erkalten lassen.

5 Die Kuvertüre klein hacken und im Wasserbad bei schwacher Hitze schmelzen, dann den restlichen Karamellaufstrich unterrühren. Jeweils einen Klecks der Glasur auf die Kekse geben und verstreichen. Mit den gehackten Mandeln bestreuen und die Glasur fest werden lassen.

Oreo-Schoko-Crossies

Reich an Polyphenolen

Zubereitungszeit: 35 Minuten
Ein Stück enthält: 100 kcal (410 kJ), 2 g E, 4 g F, 13 g KH

Zutaten für 45 Stück

150 g Cornflakes
1 Pck. Oreo-Kekse (154 g)
1 Pck. Vanillezucker
20 g Rapsöl
80 g ungehärtetes Kokosfett
300 g Vollmilchkuvertüre
200 g Zartbitterkuvertüre

Außerdem

Gefrierbeutel

Zubereitung

1 Cornflakes und Kekse in einen Gefrierbeutel geben, gut verschließen und mit einer Pfanne oder einem Nudelholz zermahlen, bis gleichmäßige, nicht zu feine Krümel entstehen. Den Vanillezucker in die Tüte geben und durch Schütteln gut untermischen.

2 Die übrigen Zutaten in einem Wasserbad schmelzen und gut verrühren.

3 Die Kekskrümel in die Schokoladenmasse einrühren, mit zwei Teelöffeln Häufchen abstechen und auf ein mit Backpapier ausgelegtes Backblech setzen. Das Blech kühl stellen, damit die Oreo-Schoko-Crossies fest werden.

Aprikosen-Powerkugeln im Kokosmantel

Reich an Ballaststoffen

Zubereitungszeit: 25 Minuten
Ziehzeit: 60 Minuten
Ein Stück enthält: 110 kcal (470 kJ), 3 g E, 7 g F, 9 g KH

Zutaten für 12 Kugeln

80 g Mandelmus
30 g Backkakaopulver
60 ml Haferdrink
50 g getrocknete Aprikosen (soft)
100 g kleinblättrige Haferflocken
30 g Kokosraspel

Zubereitung

1 Das Mandelmus zusammen mit dem Kakao und dem Haferdrink zu einer geschmeidigen Masse pürieren. Die Aprikosen in feine Würfel schneiden und dazugeben. Alles zu einer homogenen Masse pürieren, dann die Haferflocken unterkneten.

2 Die Kokosflocken auf einen tiefen Teller geben. Aus der Masse walnussgroße Kugeln abstechen, in den Kokosraspeln wälzen und zu Kugeln formen.

3 Die Powerkugeln etwa eine Stunde im Kühlschrank durchziehen lassen.

Kokos-Pannacotta mit Erdbeersoße

Gelenkschonend

Zubereitungszeit: 30 Minuten
Kühlzeit: 120 Minuten
Eine Portion enthält: 170 kcal (705 kJ), 2 g E, 12 g F, 13 g KH

Zutaten für 4 Portionen

1 Vanillestange
200 g Kokosmilch, 20 % F (Dose)
200 ml Kokosdrink
50 g brauner Zucker
3 Blatt weiße Gelatine
250 g Erdbeeren
1 EL Honig
Saft von ½ Limette
einige Melissenblättchen

Zubereitung

1 Die Vanillestange längs halbieren, das Mark herauskratzen. Beides mit Kokosmilch und Kokosdrink und Zucker bei kleiner Hitze 15 Minuten einköcheln lassen. Die Gelatine in kaltem Wasser einweichen.

2 Inzwischen die Erdbeeren verlesen und abbrausen, einige als Deko zurücklegen. Den Rest mit Honig und Limettensaft pürieren.

3 Nach Ende der Kochzeit die Vanillestange entfernen. Die ausgedrückte Gelatine in die heiße Kokosmischung rühren und kalt stellen. Beginnt die Creme zu gelieren, auf vier Gläser verteilen und mindestens zwei Stunden kalt stellen.

4 Das Erdbeerpüree auf die Creme verteilen und mit den restlichen Erdbeeren und Melissenblättchen garnieren.

Obstsalat „Sunshine"

Reich an Vitamin C

Zubereitungszeit: 30 Minuten
Eine Portion enthält: 130 kcal (560 kJ), 2 g E, 1 g F, 27 g KH

Zutaten für 4 Portionen

1 Mango
3 Orangen
2 Kiwis
100 g Blaubeeren
100 g Granatapfelkerne

Zubereitung

1 Die Mango waschen, schälen, das Fruchtfleisch in mundgerechte Stücke schneiden. 2 Orangen so dick schälen, dass die weiße Haut mit entfernt wird. In Scheiben und in mundgerechte Stücke schneiden. Die dritte Orange halbieren und auspressen. Die Kiwis schälen und ebenfalls in mundgerechte Stücke schneiden.

2 Die Blaubeeren waschen, trocken tupfen und verlesen. Granatapfelkerne, Orangensaft und Obst vermengen und auf vier Schüsseln verteilen.

Grießbrei Brûlée „Orange"

Reich an Vitamin C

Zubereitungszeit: 20 Minuten
Eine Portion enthält: 220 kcal (900 kJ), 6 g E, 5 g F, 36 g KH

Zutaten für 4 Portionen

1 Bio-Orange
1 Vanillestange
500 ml Milch, 3,5 % Fett
Salz
6 EL brauner Zucker
70 g Dinkelgrieß

Außerdem

feuerfeste Gläser (à 200 ml)
evtl. Crème-Brûlée-Brenner

Zubereitung

1 Die Orange waschen, trocken reiben und die Schale abreiben, dann halbieren und den Saft auspressen. Die Vanillestange längs halbieren, das Mark herauskratzen.

2 Milch, eine Prise Salz, 2 EL Zucker, Orangenschale und Vanillemark aufkochen. Den Grieß einrühren, unter Rühren aufkochen und 5 Minuten quellen lassen. Den Orangensaft unterrühren.

3 Den Grießbrei in feuerfeste Gläser füllen und glatt streichen. Mit dem Rest des braunen Zuckers bestreuen und mit einem Crème-Brûlée-Brenner karamellisieren.

Veganes Tiramisu

Reich an Probiotika

Zubereitungszeit: 30 Minuten
Ziehzeit: über Nacht
Eine Portion enthält: 450 kcal (1900 kJ), 9 g E, 24 g F, 46 g KH

Zutaten für 4 Portionen

veganer Biskuitboden (Rezept auf S. 176)
100 ml Espresso
Rumaroma
400 g Sojajoghurt
200 g aufschlagbare pflanzliche Sahne
etwas Zitronenabrieb
1 EL Puderzucker
1–2 EL Kakaopulver

Außerdem
Auflaufform

Zubereitung

1 Den Backofen auf 180 °C Umluft vorheizen. Den Biskuitteig auf einem halben Backblech verstreichen und 20 Minuten backen, in Streifen schneiden. Inzwischen den Espresso kochen, abkühlen lassen und mit 2 Tropfen Rumaroma verfeinern.

2 Den Sojajoghurt in eine Schüssel geben, die pflanzliche Sahne aufschlagen und unter den Joghurt heben. Zitronenabrieb dazugeben und unterrühren. Nach Geschmack ein wenig Puderzucker dazusieben und vermengen.

3 Die Hälfte der Biskuitstreifen in die Form legen und mit dem Espressoamaretto beträufeln. Die Hälfte der Creme darauf verteilen. Alles wiederholen.

4 Das Tiramisu im Kühlschrank ziehen lassen, am besten über Nacht. Zum Schluss dick mit Kakaopulver bestäuben.

INFO Rumaroma enthält keinen Alkohol, hat aber einen „alkoholischen“, an braunen Rum erinnernden Geruch und Geschmack. Bitte nur tropfenweise verwenden, da es sehr intensiv ist.

Apfel-Crisp

Reich an Ballaststoffen

Zubereitungszeit: 35 Minuten
Backzeit: 50–60 Minuten
Eine Portion enthält: 450 kcal (1905 kJ), 6 g E, 25 g F, 53 g KH

Zutaten für 4–8 Portionen

800 g säuerliche Äpfel (z. B. Boskop oder Pink Lady)
2 EL Zitronensaft
80 g Honig
1 TL Zimt
1 EL Johannisbrotkernmehl
60 ml Apfelsaft
½ cm frisch geriebener Ingwer
1 Msp. Muskatpulver
100 g Haferflocken
60 g Mandelmehl
50 g Dinkelvollkornmehl
80 g Honig
80 g brauner Zucker
50 g gehackte Walnüsse
Salz
1 gestrichener TL Zimt
120 ml Kokosöl

Zubereitung

1 Den Backofen auf 175 °C Ober- und Unterhitze vorheizen. Die Äpfel waschen, schälen, das Kerngehäuse entfernen und in Achtel schneiden.

2 Zusammen mit Zitronensaft, Honig, Zimt, Johannisbrotkernmehl, Apfelsaft, Ingwer und Muskat in einer großen Schüssel mischen. In eine Auflaufform geben.

3 Haferflocken, die Mehle, Honig, Zucker sowie Walnüsse, eine Prise Salz, Zimt und das Kokosöl in einer Schüssel vermischen. Über die Äpfel verteilen und 50–60 Minuten backen.

4 Das Apfel-Crisp ist fertig, wenn die Äpfel weich sind und die Ränder goldbraun sind. Vor dem Servieren etwas abkühlen lassen.

SERVIERTIPP Dazu schmeckt Vanilleeis oder auch Sahne. Sie können auch die Cashewsahne vom veganen Schokotraum (Rezept auf S. 190) dazu reichen.

Veganer Schokotraum

Reich an Polyphenolen

Zubereitungszeit: 30 Minuten
Gefrierzeit: über Nacht
Eine Portion enthält: 770 kcal (3210 kJ), 18 g E, 60 g F, 40 g KH

Zutaten für 4 Portionen

400 ml Kokosmilch (Dose)
150 g Cashewnüsse
30 g flüssiger Honig
1 TL Vanillepulver
Salz
125 g Mandelmus
60 g flüssiger Honig
60 g Kakaopulver
¼ TL Vanillepulver
½ TL Zimt
vegane Schokolade, geraspelt

Außerdem

Eiswürfelform

Zubereitung

1 Kokosmilch in eine Eiswürfelform gießen und über Nacht im Gefrierschrank fest werden lassen.

2 Cashewnüsse, 120 ml Wasser, Honig, Vanillepulver und eine Prise Salz 30–60 Sekunden auf höchster Stufe zu einer cremigen Masse pürieren.

3 Die Kokosmilch-Eiswürfel zusammen mit Mandelmus, Honig, Kakao, Vanillepulver, Zimt und einer Prise Salz zu einer feinen Creme mit einem leistungsfähigen Mixer oder einen Blitzhacker pürieren.

4 In Dessertschalen geben und mit der Cashewsahne bedecken. Mit veganen Schokoladenspänen bestreuen.

TIPP Sofort genießen oder erneut in den Kühlschrank stellen, um die Masse etwas fester werden zu lassen.

Pflaumen-Happy-End

Reich an Polyphenole

Zubereitungszeit: 30 Minuten
Eine Portion enthält: 270 kcal (1130 kJ), 6 g E, 8 g F, 39 g KH

Zutaten für 4 Portionen

600 g Pflaumen
4 EL brauner Zucker
70 g Spekulatius oder Haferkekse
350 g Naturjoghurt, 3,5 % Fett
Zimt

Zubereitung

1 Pflaumen waschen, halbieren, entsteinen und in grobe Stücke schneiden, zusammen mit dem Zucker in einen Topf geben und bei mittlerer Hitze einkochen lassen, sodass ein Kompott entsteht. Etwa 10 Minuten abkühlen lassen.

2 Inzwischen die Plätzchen zerkrümeln und den Joghurt mit 1 TL Zimt verrühren.

3 In vier Gläsern erst das Pflaumenkompott, dann den Joghurt und zuletzt die zerkrümelten Plätzchen schichten, zum Schluss etwas Zimt darüberstreuen.

Berry-Cheesecake-Dessert

Reich an Polyphenolen

Zubereitungszeit: 15 Minuten
Antauzeit: ca. 4 Stunden
Kühlzeit: 60 Minuten
Eine Portion enthält: 340 kcal (1420 kJ), 12 g E, 19 g F, 31 g KH

Zutaten für 1 Portion

250 g Beerenmischung (TK)
1 EL Puderzucker
80 g Butterkekse
200 g Schlagsahne
250 g Magerquark
2 EL Milch, 3,5 % Fett
1 Pck. Vanillezucker
1–2 EL brauner Zucker

Zubereitung

1 Die Beeren antauen lassen und mit dem Puderzucker mischen. Die Butterkekse in einen Gefrierbeutel geben und mit einem Nudelholz zerbröseln. Die Sahne steif schlagen, den Quark mit der Milch glatt rühren. Vanillezucker und Zucker unterrühren, die Sahne unterheben.

2 Je eine Schicht Keksbrösel in vier Gläser füllen, dann die Creme und zum Schluss die Beeren darüber verteilen. Die Gläser 1 Stunde im Kühlschrank ziehen lassen.

Ruckzuck-Bananendessert

Reich an Probiotika

Zubereitungszeit: 10 Minuten
Eine Portion enthält: 240 kcal (1020 kJ), 5 g E, 15 g F, 23 g KH

Zutaten für 4 Portionen

1 Schokomuffin (75 g)
150 g Sahne, 30 % Fett
150 g Vanillejoghurt
1 Zitrone
2 Bananen

Zubereitung

1 Den Schokomuffin fein zerbröseln. Die Sahne steif schlagen, das Vanillejoghurt unterheben. Die Zitrone halbieren und auspressen. Die Bananen schälen, in Scheiben schneiden und mit dem Zitronensaft in einer Schüssel mischen.

2 Die Hälfte der Bananen auf vier Gläser verteilen. Die Joghurtsahne darübergeben, mit restlichen Bananenscheiben belegen und mit Muffinbröseln bestreuen. Bis zum Servieren kalt stellen.

Erdbeer-Rhabarber-Zauber

Reich an Ballaststoffen

Zubereitungszeit: 25 Minuten
Kühlzeit: 60 Minuten
Eine Portion enthält: 270 kcal (1130 kJ), 5 g E, 4 g F, 49 g KH

Zutaten für 4 Portionen

500 g Rhabarber
300 g Erdbeeren
250 ml Kirschnektar
1 Zimtstange
100 g brauner Zucker
2 EL Speisestärke
400 g Naturjoghurt, 3,5 % Fett

Zubereitung

1 Rhabarber putzen, waschen und in 2 cm dicke Scheiben schneiden. Erdbeeren waschen, putzen und halbieren oder vierteln.

2 200 ml Kirschnektar, die Zimtstange und 80 g Zucker mit dem Rhabarber aufkochen und 5 Minuten köcheln lassen.

3 Die Stärke mit dem restlichen Kirschnektar glatt rühren. Die Erdbeeren nach 3 Minuten zum Rhabarber geben, erneut aufkochen und die Soße mit der Stärke binden.

4 Das Kompott 1 Stunde kühl stellen. Den Joghurt und den restlichen Zucker verrühren, das abgekühlte Kompott und den Joghurt schichtweise auf vier Gläser verteilen.

Rezeptregister

Müslis, Bowls und Porridges

Basismüsli mit Himbeeren 62
Haferflocken mit Möhre und Apfel 64
Knuspermüsli mit Papaya 64
Warme Chai-Schoko-Bowl 65
Gratinierte Grapefruit mit Haferflocken-Crunch 66
Schnelle Smoothie-Bowl 68
Porridge mit Banane und Granatapfel 68
Hirse-Porridge mit Feigen 69

Brot und Brötchen

Roggenbrötchen 70
Müslibrötchen 72
Buttermilchbrot 73
Low-Carb-Brot mit Kürbiskernen 74
Low-Carb-Nussbrot 74
Sonnenblumenbrot 76
Dinkel-Focaccia 78
Kürbis-Knäckebrot 80

Aufstriche und Dips

Forellendip 82
Paprikadip 84
Pikanter Erdnussdip 84
Gemüse-Frischkäse-Dip 86
Avocadodip 86
Spinat-Linsen-Dip 88
Exotischer Curry-Dattel-Dip 89
Veganer Kräuterquark 89
Warmer Paprika-Feta-Dip 90
Feurig-scharfer Frischkäsedip 91
Gierschbutter 91

Getränke und Smoothies

Kurkuma-Smoothie 92
Goldene Latte 92
Kurkuma-Mango-Lassi 94
Kräuterlimonade 94
Limonade aus Rosmarin-Zitronen-Sirup 95
Grapefruit-Rosmarin-Limo 96
Detox-Wasser „Jungbrunnen“ 96

Salate

Bunter Blumenkohlsalat 98
Scharfer Asia-Salat mit Tofu 100
Gurken-Erdnuss-Salat 101
Rucola-Lachs-Salat mit Ziegenfrischkäse 102
Tomaten-Mozzarella-Salat 102
Sommerkartoffelsalat 104
Würziger Avocadosalat 106
Brokkolisalat mit Granatapfel 107
Italienischer Brotsalat Panzanella 108
Bunter Wintersalat 110
Bunter Couscoussalat 112
Gurkenspiralensalat 113
Rosenkohl-Quinoa-Salat 114
Mango-Spinat-Salat 116
Feldsalat mit Champignons und Kichererbsen 116

Suppen und Eintöpfe

Tomatensuppe 118
Gemüsesuppe „Primavera“ 120
Rote-Bete-Suppe 121
Gurkenkaltschale 122
Kurkuma-Süßkartoffel-Suppe 122
Borretsch-Kartoffel-Suppe 124

Spinatsuppe mit Lachsstreifen 125
Scharfe Linsensuppe 126
Bohnen-Tomaten-Eintopf 128
Winter-Minestrone 130
Miso-Ramen mit Hack und Pak Choi 132
Mediterraner Gemüseeintopf 133
Marokkanischer Gemüseeintopf 134

Hauptgerichte

Spaghetti mit veganer Bolognese 136
Tagliatelle mit Tomaten-Kürbis-Soße 138
Zucchini-Nudeln mit Avocado-Basilikum-Pesto 139
Kartoffel-Pilz-Pfanne 140
Kürbis-Gnocchi in Tomatensoße 142
Wirsingauflauf mit Räuchertofu 144
Kartoffelbratlinge im Sesammantel 145
One-Pot-Pasta mit Linsen und Blumenkohl 146
Gemüsegratin à la Provence 148
Haferflockenbratlinge auf Ratatouille 150
Kartoffel-Zucchini-Rösti 151
Gebratener Lachs mit Kräuter-Joghurt-Soße 152
Fruchtiger Kurkuma-Lachs mit Reis 154
Lachs mit Spargelduett 155
Einfache Paella 156
Asia-Fisch-Gemüse-Päckchen 158
Gemüsebowl mit scharfen Putenstreifen 159
Hähnchen aus dem Ofen 160
Ungarisches Rindergulasch 162
Zitronen-Hähnchen in Fenchelgemüse 164
Rindfleisch-Kichererbsen-Bowl 165

Kuchen, Kekse und Desserts

Schoko-Bananen-Kuchen 166
Kirsch-Mandel-Kuchen vom Blech 168
Apfelstrudel 170
Veganer Marmorkuchen 172
Veganer Käsekuchen mit Seidentofu 174
Orangen-Quark-Törtchen 175
Erdbeerkuchen mit veganem Biskuitboden 176
Vegane Kokos-Minigugelhupfe 178
Honigspekulatiuswaffeln mit Zimtjoghurt 179
Pistazien-Cranberry-Cantuccini 180
Karamell-Taler 181
Oreo-Schoko-Crossies 182
Aprikosen-Powerkugeln im Kokosmantel 182
Kokos-Pannacotta mit Erdbeersoße 184
Obstsalat „Sunshine“ 186
Grießbrei Brûlée „Orange“ 186
Veganes Tiramisu 188
Apfel-Crisp 189
Veganer Schokotraum 190
Pflaumen-Happy-End 192
Berry-Cheesecake-Dessert 192
Ruckzuck-Bananendessert 193
Erdbeer-Rhabarber-Zauber 193

Bibliografische Information der Deutschen Nationalbibliothek
Die Deutsche Nationalbibliothek verzeichnet diese Publikation in der deutschen Nationalbibliografie; detaillierte bibliografische Daten sind im Internet über http://dnb.ddb.de/ abrufbar.

ISBN 978-3-8426-3160-1 (Print)
ISBN 978-3-8426-3161-8 (PDF)
ISBN 978-3-8426-3162-5 (EPUB)

Abbildungen:
Titelmotiv: stock.adobe.com / Sea Wave
Stock.adobe.com: Sea Wave: 1; Magdalena Bujak: 2; Nadezhda: 6/7; Alila Medical Media: 9; bilderzwerg: 13; Akarat Phasura: 15; Alila Medical Media: 17; reineg: 19; gritsalak: 24; Rahil_project: 26; anna_yakovets: 46, 52; Candice: 60/61; Vankad: 63; yuliiaholovchenko: 67; Cyb Addison: 71; proxima13: 75; foodfoto: 77; marysckin: 79; Jiri Hera: 81; la_vanda: 83; inews77: 85; lilechka75: 87; Yulia Furman: 93; nikkimeel: 97; Viktorija: 99; grinchh: 103; Magdalena Bujak: 105; Toebeans: 109; Sea Wave: 111; vaaseenaa: 115; grinchh: 117; JoannaTkaczuk: 119; chandlervid85: 123; thayra83: 127; Harald Walker: 129, 131; Jacek Chabraszewski: 135; Anastasiya Reiter: 137; natkinzu: 141; azurita: 143; okkijan2010: 147; zi3000: 149; Elenathewise: 153; Bart: 157; HLPhoto: 161; exclusive-design: 163; Berna Şafoğlu: 167; StefanieBaum: 169; M.studio: 173; san_ta: 177; Kitty: 183; Studio Gi: 185; marcin jucha: 187; FomaA: 191; zi3000: 196

Originalausgabe

Die Ratgebermarke der Schlütersche Fachmedien GmbH
Hans-Böckler-Allee 7, 30173 Hannover
www.humboldt.de
www.schluetersche.de

Aus Gründen der besseren Lesbarkeit wurde in diesem Buch die männliche Form gewählt, nichtsdestoweniger beziehen sich Portionenbezeichnungen gleichermaßen auf Angehörige des männlichen und weiblichen Geschlechts sowie auf Menschen, die sich keinem Geschlecht zugehörig fühlen.
Autorin und Verlag haben dieses Buch sorgfältig erstellt und geprüft. Für eventuelle Fehler kann dennoch keine Gewähr übernommen werden. Weder Autorin noch Verlag können für eventuelle Nachteile oder Schäden, die aus in diesem Buch vorgestellten Erfahrungen, Meinungen, Studien, Therapien, Medikamenten, Methoden und praktischen Hinweisen resultieren, eine Haftung übernehmen. Insgesamt bieten alle vorgestellten Inhalte und Anregungen keinen Ersatz für eine medizinische Beratung, Betreuung und Behandlung.

Lektorat: Linda Strehl, München
Layout: Groothuis, Lohfert, Consorten, Hamburg
Covergestaltung: Die Feder · Werbeagentur GmbH, Wetzlar
Satz: Die Feder · Werbeagentur GmbH, Wetzlar
Druck und Bindung: FINIDR, s.r.o., Český Těšín, Tschechische Republik

FSC® www.fsc.org
MIX
Papier | Fördert gute Waldnutzung
FSC® C014138